ÉTUDE

SUR

LA POÉSIE POPULAIRE

EN NORMANDIE.

Rapport lu à la Société d'Archéologie, Sciences et Arts d'Avranches, dans la séance du 6 février 1855.

Tiré à 200 exemplaires.

C.

Avranches. — Imp. E. Tostain.

ÉTUDE

SUR

LA POÉSIE

POPULAIRE

EN NORMANDIE

ET

SPÉCIALEMENT DANS L'AVRANCHIN,

Par Eugène de Beaurepaire.

AVRANCHES.

TOSTAIN, rue des Fontaines-
Couvertes, 6 ;
Auguste ANFRAY, rue de la
Constitution, 2.

PARIS.

J. B. DUMOULIN, quai des
Augustins, 13.
Auguste AUBRY, rue Dau-
phine, 16.

1856

ÉTUDE

SUR LA POÉSIE POPULAIRE

EN NORMANDIE

ET

SPÉCIALEMENT DANS L'AVRANCHIN.

L'étude des Chants populaires ne date pas d'un grand nombre d'années, et, nous pouvons le dire aujourd'hui, il n'a fallu rien moins que le décret impérial rendu sur le rapport de M. le Ministre de l'Instruction publique, le 13 mai 1852, ordonnant la publication des Poésies populaires de la France, pour mettre hors de contestation, aux yeux de tous, l'intérêt et l'importance de ces compositions, trop longtemps dédaignées. Un peu plus tard, les instructions rédigées au nom du Comité, par M. Ampère, avec un tact et une élégance remarquables, ont complété pour ainsi dire cette tardive réhabilitation, à laquelle de nombreux travaux entrepris en province avaient déjà préparé les esprits. Néanmoins, il est im-

1

possible de se le dissimuler, les chansons normandes rappellent assez peu les ballades de la Flandre [1] ou les Barzaz Breiz, et il faut une certaine indulgence pour bien apprécier ces compositions informes qui plaisent précisément par leur négligente rusticité. Il y a là en effet toute une veine d'idées enfantines, bizarres, charmantes ou malicieuses, qu'un critique de mauvaise humeur pourrait facilement prendre pour de la platitude, de la grossièreté ou de l'affectation. De plus, ces chanteurs anonymes vont généralement à l'aventure, sans but déterminé, et sans se renfermer dans un cadre précis, en sorte que leur succès semble dû, la plupart du temps, à des idées fort simples de religion, d'amour et de plaisir ; et surtout au retour de la rime, des assonances et des refrains, qui souvent en tiennent lieu. Cependant quels que soient les défauts de ces chansons normandes, assez semblables à celles du Bas-Maine et de la Bretagne française, nous croyons qu'à une époque de culture intellectuelle avancée comme la nôtre, il peut y avoir plaisir et profit à écouter pour un instant ces chants primitifs qui nous font toucher au doigt les procédés de la muse populaire. Il s'y rencontre de temps en temps d'utiles renseignemens pour l'étude des mœurs et des anciens usages, ainsi que de vifs souvenirs de nos gloires et de nos malheurs passés ; et alors même que ces fragmens incomplets n'offrent par eux-mêmes qu'un mé-

---

[1] Les *Flamands de la Flandre*, par Louis de Baecker.

Barzaz-Breiz, 2 vol. in-12, par M. de la Villemarqué. M. de Pinguern a recueilli beaucoup d'autres chants bretons, qui pourraient enrichir encore le recueil déjà si remarquable de M. de la Villemarqué.

diocre intérêt littéraire et historique , il n'est point
encore indifférent d'essayer de fixer avec eux la physionomie de la poésie populaire de notre pays. C'est même
là le but principal que nous nous soyons proposé en
commençant cette Etude, et c'est à ce titre seul qu'elle
peut avoir quelque valeur au milieu des nombreuses
publications que le travail de M. Ampère ne saurait manquer de provoquer.

Les Cantiques proprement dits ont disparu dans toute
la Normandie avec une extrême rapidité. Ces inspirations,
parfois trop naïves ou d'une orthodoxie un peu douteuse,
ont été généralement proscrites et remplacées par des
compositions plus correctes , approuvées et distribuées
par l'autorité ecclésiastique. Cependant, on rencontre
encore quelques vieilles chansons religieuses qui ont
échappé, par un heureux hasard , au naufrage universel.
Le canton de Tilly a conservé , entre autres , un chant
fort intéressant sur l'Annonciation, dont tous les détails
sont calqués sur la ronde du Château d'Amour :

J'ai un long voyage a faire,
Je ne sais qui le fera ?
Ce sera Gabriel Ange,
   Vive Jesus !
Qui pour moi fera cela
   Alleluya.

—

Gabriel prend sa volée ,
   Vive Jesus !
Droit a Nazareth s'en va
   Alleluya.

—

Trouvant les portes fermées ,
   Vive Jesus !

Par la fenêtre il entra
Alleluya.

—

Trouvant la Vierge en prière,
Vive Jesus !
Tout humble la salua.
Alleluya.

—

Je vous salue, Vierge tres-digne,
Vive Jesus !
Mere du grand Dieu qui sera
Alleluya.

—

Ave Maria pour la Vierge ,
Vive Jesus !
Pour les Anges le *Regina*.
Alleluya.

La Chanson suivante, empruntée peut-être à quelques recueils imprimés du xviiᵉ siècle , et fort répandue aux environs de Céaux, est empreinte d'une grace dévotieuse qui mérite d'être remarquée :

L'autre jour en m'y promenant ,
Mon doux Jésus j'ai rencontré.

Mon cœur vole ! vole ! vole !
Mon cœur vole vers les cieux !

—

M'a dit ma fille qu'est-ce que vous cherchez?
— Mon doux Jésus j'allais vous chercher.

—

M'a dit ma fille qu'est-ce que vous voulez?
— Mon doux Jésus , l'humilité.

—

L'humilité, la Charité,
Aussi la sainte Chasteté ,

Ce sont les dons d'amour parfait ;
— M'a dit ma fille vous les aurez.

Mon cœur vole ! vole ! vole !
Mon cœur vole vers les cieux !

Il existe aussi un branle dont la fin, par suite vraisemblablement d'un remaniement moderne, est devenue assez légère, mais dont le début a toute l'apparence d'un véritable cantique.

Que faites-vous seule en ce vallon,
Seule et sans compaignie,
Lon , lon, la.

—

Je ne suis pas seule en ce vallon,
J'ai de la compaignie.

—

J'y suis avec le doux Jésus,
Et la Vierge Marie.

Le même caractère religieux se remarque dans un chant signalé à Etretat, par M. Vennedy, et aussi dans une espèce d'invocation matinale conservée par les mariniers de Dieppe, et qui précède encore la prière à bord de quelques embarcations.

A la Prière,
Avant et arrière,
Depuis l'estrave jusqu'à l'estambord,
Réveille qui dort.

—

La chandelle de Dieu est allumée,
Au saint nom de Dieu soit alyzée,
Au profit du maître et de l'équipage ,

> Bon temps, bon vent pour conduire la barque,
>   Si Dieu plait ! si Dieu plait ! [1]

On pourrait citer beaucoup d'autres compositions d'un caractère assez difficile à définir, où reviennent sans cesse les noms des personnages et des lieux de l'Ancien et du Nouveau Testament. Marie de Galilée y figure assez souvent ; l'on y rencontre aussi, quelquefois même en bizarre compagnie, Marie de Nazareth, la ville de Jéricho, et la fontaine de Siloë.

Les cantiques de pèlerinage ont éprouvé le sort commun, et nous croyons qu'il serait fort difficile d'en citer aujourd'hui dans toute la Normandie un seul qui eût à la fois un certain mérite de forme et d'ancienneté. Nous ne connaissons au moins rien de semblable, ni pour Saint-Pair et Saint-Gaud, ni pour Notre-Dame-de-Bon-Secours, ni pour Notre-Dame-de-la-Délivrande. Le Mont Saint-Michel lui-même, qui a joui d'une si haute réputation, comme lieu de pèlerinage dans tout l'Occident, ne peut réclamer aujourd'hui aucune production de ce genre. Il existe, il est vrai, dans les Mss du Mont une infinité d'hymnes latines et de poésies françaises en l'honneur du Saint Archange ; mais rien de tout cela n'est populaire dans le vrai sens du mot. On pourra, en juger par les strophes suivantes, que nous choisissons entre beaucoup d'autres, parcequ'elles ont une certaine couleur locale ·

>   Tu fais de flots escumer
>   Ceste mer ;
>   Tu la brouilles de nuages ;

[1] *Normandie romanesque et merveilleuse*, par Mlle Amélie Bosquet.

                Et puis tu retiens les vents
                        Insolents,
                Pour accoiser ces orages.

                            —

                Toi qui commandes a ces flux
                        Et reflux,
                Fais qu'aucun mal ne me greve,
                Et deffends ton pelerin
                        Au chemin,
                Quand il passera la greve [1].

Quant aux cantiques pour le *jour ou nuit de Noël*,
comme on disait alors, ils deviennent de jour en jour
plus rares. On ne rencontre plus dans la mémoire du
peuple aucun de ces vieux Noëls qui s'imprimèrent pendant si long-temps à Troyes et à Rouen, sous le titre
de *Bible des Noëls Nouveaux*, et M. Trébutien n'a
pu en recueillir qu'un seul, assez peu respectueux,
et qui appartient visiblement à la décadence du genre.
Dans le Val de Vire, où l'on reconnaît encore la trace
de tant d'anciens usages, l'un des derniers représentans
des Noëls, l'avocat virois Le Houx, est à peu près ou-
blié. Pourtant il avait composé, pour cette solennité, un
assez grand nombre de poésies dévotes, qu'on peut lire
à la suite de ses Vaux-de-Vire, dans un Ms. fort intéressant de la bibliothèque de Caen. Malheureusement, à
l'époque de Le Houx, c'est-à-dire à la fin du XVIᵉ et
au commencement du XVIIᵉ siècle, ces compositions
naïves, que l'on allait chanter aux portes, de village en

---

[1] *Histoire générale de l'abbaye du Mont Saint-Michel au péril
de la mer...* S'ensuyvent plusieurs hymnes et chansons que pourront
chanter les pellerins venant et s'en retournant de ce Mont Saint-Michel.
Bibliothèque impériale, Manuscrits Fr. Fonds Saint-Germain, 924. 2.

village , avaient déjà bien perdu de leur vogue en Basse-Normandie. Elles avaient éprouvé , à peu de chose près, le sort des processions à personnages , et des momeries auxquelles la Réforme venait de porter une si rude atteinte. C'èst ce que l'on peut voir par l'un des premiers Noëls de Le Houx, que nous citons ici , parcequ'il peut donner une idée des nôtres, et aussi parcequ'il nous montre que le vièil usage de chanter Noël était déjà abandonné aux enfans, et considéré avec une certaine défaveur :

> Les honnêtes gens de Vire
> Ceste nuit allaient jadis,
> En troupe chanter et dire
> Canticques chez leurs amis.

—

> Mais par la chiche avarice,
> Les bourgeois de qualité,
> Ont ce devot exercice
> Aux petits enfans quitté.

—

> Le vieil temps nous voulons suyvre,
> Pour l'amour de cet enfant ,
> De ce Dieu qui fait revivre
> Nostre salut en naissant.

—

> Ce n'est point ce qui nous meine,
> Que vostre argent et vos biens ;
> Nous ne vendons nostre peine
> Jamais aux honnêtes gens.

—

> Nous venons pour vous semondre
> De louer cil qui pour nous
> Vers son père vint repondre,
> En appaisant son courroux.

Oh ! que la trouppe bergère
Eust d'heur en le visitant ;
Et la pucelle sa mère,
De joie en le baizottant.

—

Que n'étions-nous en vie,
Aurions d'un pas leger,
Comme les rois d'Arabie,
Couru là pour l'hommager.

—

Ores, que nous faut-il faire ?
—Si d'un cœur obsequieux,
Nous tâchons de lui complaire
Nous le pourrons voir aux cieux ¹.

Le jour de Pâques ramène encore chaque année plusieurs chansons dont l'antiquité se devine sans peine,
malgré les nombreuses altérations dont elles ont été
l'objet. L'une des plus curieuses roule sur les trois
Maries, si célèbres dans les monumens de peinture et
de sculpture du Moyen-Age. On y retrouve quantité
de détails empruntés au chant joyeux de *l'O Filii*
qui, du reste, a donné lieu à beaucoup d'autres imitations en langue vulgaire assez peu exactes, mais fort
originales.

Ce sont les trois Maries
Au matin sont levées,
S'en vont au monument
Pour Jesus-Christ chercher.
Marie Marthe,
Marie Madelaine, et Marie Salomé.

<hr>

1 Le recueil des Chansons nouvelles du Vau-de-Vire et d'autres poësies
par M. Jean Le Houx. Bibliothèque de Caen, Ms in-8°, sur papier.

Ne l'ayant point trouvé,
Se sont mises à pleurer.

—

Ah ! qu'avez-vous, Marie ;
Qu'avez-vous à pleurer ?

—

Nous cherchons Jesus-Christ
Sans pouvoir le trouver.

—

Allez-vous-en là-haut,
Au jardin Olivier.

—

Là vous y trouverez
Un homme jardinier.

—

Y étant arrivées
Se mit à leur parler.

—

J'ai planté une vigne,
Je la veux labourer ;

—

Et de mon propre sang
Je la veux arroser.

—

Alors les trois Maries
Se mirent toutes à pleurer ;

—

Puis ont baisé les pieds
Du Christ jardinier.

Le Cantique des trois Maries est spécial à la Haute-Normandie, mais en revanche l'on chante dans tout l'A-vranchin, le soir du Samedi-Saint, une chanson dite de la Résurrection, qui n'est guère moins ancienne, et qui compte une trentaine de couplets. Malgré sa longueur, elle n'offre rien de saillant, ainsi qu'on peut le voir par les couplets suivans, que les enfans des villes répètent à toutes les portes, en demandant des œufs ou de l'argent.

> Bonne femme, bonne femme, tâtez au nid,
> Ne nous donnez pas des œufs pourris;
> Car le bon Dieu vous f'rait mourir.
>   Alleluia !

> C'n'est pas des œufs que j'demandons,
> C'est la fille de la maison,
> Avec plaisir nous la prendrons.
>   Alleluia !

> Bonne femme, votre flanc tient aux linceux;
> Secourez les pauvres chanteux :
> Par eux vous aurez part aux cieux.
>   Alleluia !

Ces chants, qui se lient toujours à une quête, rappellent les chansons du Mercredi-Saint dans le Poitou, et les chansons bretonnes du mois de mai. Celle qui a été recueillie par M. Marre, aux environs de Saint-Brieuc, reproduit notamment, sous une forme plus gracieuse, tous les détails de la chanson normande :

> Entre vous, jeunes filles,
> Qu'avez de la volaille,
> Mettez la main au nid,
> N'apportez pas de la paille,
> Apportez-en dix-huit ou vingt,
> Et n'apportez pas les couvains.
>   —

> Si vous n'ais rien à nous donner,
> Donnez-nous la servante,

> Le porteur de panier
> Et tout prêt à la prendre ;
> Il n'en a pas, il en voudrait pourtant
> A l'arrivée du doux printemps.

C'est aussi à une quête que se rattache la chanson à moitié sacrée, à moitié profane, qui se chante le Jour des Rois dans toute la Normandie, mais surtout à Caen et à Rouen.

Il est fort souvent question de ce chant, connu indifféremment sous le nom de : *Le Roy Boit* ou de *La Part à Dieu,* dans les anciens documens. David Ferrand y fait allusion, dans quelques endroits de sa Muse Normande. Nous le trouvons aussi mentionné dans la *Fricassée Crotestyllonnée* [1], et G. Valdory, dans son Histoire du Siége de la ville de Rouen, nous apprend qu'en 1592, bien que la ville fût assiégée par Henri IV, on ne laissa pas de le chanter dans les rues la veille des Rois, comme à l'accoutumée. Il existe une grande quantité de textes différens de cette chanson : celui que l'on rencontre en Beauce n'est pas celui que l'on trouve à Normandie. Celui de Laigle n'est pas même celui de Rouen ou de Caen. Quoi qu'il en soit, et sans entrer dans le détail de toutes ces variantes, qui présentent assez peu d'intérêt, voici la version la plus complète que nous ayons pu nous procurer :

> Bonsoir à la compagnie de cette maison
> Je vous souhaite bonne année et biens en saison.

---

[1] *La Fricassée Crotestyllonnée des antiques, modernes Chansons, Jeux et Menu Frétel des petits enfans de Rouen.* — Rouen, Abraham Le Couturier, 1604. — Rarissime.

Nous sommes de pays étrange venus en ces lieux ,
Pour vous faire la demande de la part à Dieu.

—

Amis, puisque sommes ensemble, il faut avoir un gâteau ;
C'est au plus vieux que nous sommes à le couper par morceaux.

Voilà la faluc coupée, faut savoir qui est le roy,
En chantant à tête nue, en chantant tous d'une voix :

Le roy boit, le roy boit ;
La part à Dieu, s'il vous plaît.

—

Dépêchez-vous, je vous prie, de nous renvoyer
A une autre compagnie, pour la saluer.

L'apostrophe « le Roi Boit » ne se rencontre pas à beaucoup près dans toutes les chansons de *La Part à Dieu* ; il semble même que cette absence se remarque principalement dans les textes les plus anciens. Mais, en mettant de côté cette exclamation , qui forme pour ainsi dire un hors-d'œuvre , et dont l'origine est assez équivoque , la chanson tout entière remonte à une époque reculée , et c'est avec raison que M. Ampère a signalé, comme le point de départ de toutes ces compositions, ces vers du XIIIᵉ siècle , si souvent cités :

Signors, or, entendez à nous,
De loin sommes venus à vous,
Pour querre Noel [1].

Il existe une autre chanson, connue sous le nom d'*Adieu Noël*, qui se chantait précisément à la même époque, et qui balançait autrefois la vogue des couplets

[1] *Bulletin du Comité de la langue.* Année 1850, nº 4.

que nous avons transcrits. Les débris de ce chant tradi-
tionnel, qui sont arrivés jusqu'à nous, présentent assez
peu d'intérêt littéraire, mais en revanche ils ne sont pas
dépourvus d'importance historique.

Dans un travail fort curieux, M. Desnoyers a récemment expliqué quelles pratiques singulières on em-
ploya dans tout le Moyen-Age pour détruire les saute-
relles, les chenilles, les pucerottes, les taupes et les
mulots, et généralement tous les animaux nuisibles aux
fruits de la terre. Au nombre de ces moyens figurent,
à côté des exorcismes et des procès-civils, des courses
tumultueuses à travers les vergers, les vignes et les
jardins. Dans ces processions nocturnes, on portait des
brandons de paille allumée, connus sous le nom de
Collinettes ou de Flambarts, et on accompagnait du bruit
des instrumens certaines imprécations versifiées, d'une
plus ou moins grande étendue. M. de Gerville a signalé l'existence de cet usage dans plusieurs com-
munes du département de la Manche : « A St Vaast et à
» Réville, nous dit le savant antiquaire, des centaines
» d'enfans parcourent le pays la veille de l'Epiphanie,
» des brandons à la main. Ils crient :

« Taupes et mulots,
« Sors de mon clos,
« Ou je te mets le feu sur le dos.

« Dans la commune de Créances, une grande partie de
» la population passe toute la nuit à faire la même som-
» mation aux taupes et aux mulots [1]. »

[1] *Etudes sur le département de la Manche*, par M. de Gerville.

Les mêmes superstitions se retrouvent dans toute la Normandie. A Caen, les enfans chantent le jour de Noël, en parcourant la ville, des coulines à la main, quelques vers dans lesquels ils associent à la célébration de la venue du Sauveur les imprécations usitées contre les bêtes malfaisantes.

> Salut, Noël ! d'où viens-tu,
> Depuis un an q' j' ne t'avais vu ?
> Si tu viens dans mon clos,
> Je te brûlerai la barbe et les os.
> Tau, tau, tau, les mulots.

A Rouen, dans le faubourg Martainville, la formule imprécatoire est précédée d'une invocation pieuse d'une antiquité plus douteuse.

> Il est venu sur terre
> L'enfant du roi Sion,
> Apportant à la terre
> Tous les biens à foison.

Dans quelques localités privilégiées, les choses se passaient avec un véritable éclat. La course nocturne se déployait dans les rues les plus populeuses avec ordre, et les coulines étaient remplacées par des lanternes de papier découpé. David Ferrand, d'accord sur ce point avec l'auteur de l'histoire de la persécution de l'Eglise réformée, signale incidemment l'existence à Rouen de cet usage dans son Chant - royal sur la prise de la Rochelle :

> Ne cerchez pas de fallots à candelle
> Pour s'egaudir a la fête en laquelle
> Tous chez purins chantent : Adieu Nouel !

> Nos corps sequez en feront de plus belle ;
> Chela sera plus rare et plus nouvel.

On peut même remarquer que d'habitude ces fallots étaient peints et revêtus de nombreux ornemens, car, en parlant de certains châteaux de Normandie, ce poète nous apprend qu'ils étaient : « Painturais de la même fachon » que le sont les fallots des Rois quand no zi fique des » candelles allumais pour crier : Adieu Noël.» Et ailleurs, il complète agréablement sa pensée, en comparant le vêtement bariolé d'un purin à un fallot des Rois.

> No ta fait un n'abit de telle violette,
> Qu'est partout balafré comme un fallot des Rois [1].

Dans le Bessin, ces processions singulières avaient des allures plus simples, mais en revanche le chant tradition- nel y a conservé des proportions plus considérables que dans les autres pays, et on y reconnaît facilement, avec ses strophes irrégulières, le fameux : Adieu Noël, de Val- dory, dont nous n'avons jusqu'ici rencontré que des fragmens incomplets. Cette poésie , connue sous le nom de *Chant des Coulines,* atteste d'une manière claire et et nette l'influence préservatrice que l'on attribuait à ces pérégrinations aux flambeaux :

> Couline vaut lolot,
> Pipe au pommier,
> Guerbe au boissey,
> Bieurre et laict,
> Tout à planté.

---

[1] Inventaire général de la *Muse Normande*, par David Ferrand. in-12. Rouen.

Adieu Noel !
Il est passé.

—

Couline vaut lolot,
Pipe au pommier,
Bieurre et laict,
Tout à planté.

Noel s'en va,
Il reviendra.

—

Couline vaut lolot [1],
Pipe au pommier,
Guerbe au boissey,
Bieurre et laict,
Tout à planté.

—

Taupes et mulots,
Sors de mon clos,
Où je te casse les os.

Barbassionne, si tu viens dans mon clos,
Je te brûle la barbe et les os [2].

La plupart du temps on y ajoute les vers suivans,
qu'amène naturellement ce souhait de fécondité pour
les pommiers, mais que nous avons aussi entendu quelquefois chanter séparément :

Mon père boit bien,
Ma mère oco mieux ;
Mon père à guichonnée,
Ma mère à caudronnée,
Et moi à terrinée.

[1] La couline donne du lait, une pipe au pommier, un boisseau à la
gerbe, du beurre et du lait, tout en quantité.

[2] *Contes populaires, préjugés, patois, proverbes, noms de lieux
de l'arrondissement de Bayeux*, par Frédéric Pluquet.

2

M. Dubois a recueilli un chant des coulines un peu différent de celui du Bessin, tel que nous venons de le reproduire ; mais il n'ajoute rien de bien significatif à ce que nous connaissons déjà. C'est toujours les mêmes imprécations contre les animaux nuisibles, et les mêmes souhaits de fécondité pour les arbres à fruit de Normandie :

> Charge pommier,
> Charge poirier,
> A chaque petite branchette,
> Tout plein ma grande bougette.

Par une bizarrerie assez étrange, quelquefois les imprécations contre les taupes et les mulots disparaissent du chant des coulines, et il ne reste plus pour thème unique de la composition que le départ du bonhomme Noël, accompagné de sa femme et de ses enfans. C'est là une de ces personnifications naïves, que se plurent souvent à développer les romanciers et les poètes du Nord. Malheureusement, le texte découvert aux environs de Laigle, par M. le docteur Vaugeois [1], ne renferme dans son cadre un peu étroit, aucun des détails charmans, familiers à la poésie slave et allemande.

> Adieu Noël,
> Il est passé.
> Noël s'en va,
> Il reviendra.

---

[1] *Histoire des Antiquités de la ville de Laigle*, par le docteur Vaugeois.

Le petit Colin
Qui porte le vin,
La petite Colinette.
Qui porte la galette.

—

Sa femme à cheval,
Ses petits enfans
Qui s'en vont
En pleurant.

—

Adieu les Rois
Jusqu'à douze mois,
Douze mois passés
Rois, revenez.

Quels que soient leur signification et leur étendue, il
est évident que tous ces chants se rattachent à des céré-
monies religieuses dont le souvenir s'est perdu, mais
dont l'existence est encore attestée par le nom d'Hagui-
gnettes, donné à ces sortes de chansons, et à certains
objets de menue pâtisserie qu'on offrait pour étrennes à
cette époque de l'année. C'est à des idées analogues,
qu'il faut rapporter tous ces refrains d'Aguillané,
d'Aguillanou, d'Aguillaneou, d'Enguillanneuf, que l'on
rencontre dans la plupart des dialectes, aussi bien
que l'imprécation signalée par M. Guigniaut dans les
montagnes de l'Auvergne.

« Inaca. »
« Coudribala »
« La guilané »
« Du bon pain frais. »

¹ *Bulletin de la Langue.* Année 1853.

Au reste , s'il est assez difficile de connaître l'origine
précise de ces usages superstitiuex, et de savoir notamment s'ils se rattachent au polythéisme romain ou aux
croyances druidiques, il est au moins certain qu'ils se
trouvent mentionnés dans les Canons du concile d'Arles,
parmi les pratiques scandaleuses que le nouveau culte
n'avait point entièrement réussi à faire disparaître. Le
culte des arbres, des fontaines, des pierres, et l'allu-
mement des brandons ou bourguelées, s'y trouve placé
sur la même ligne, et proscrit au même titre. Le Concile
de Leptines renouvelle la défense, et parmi les cérémo-
nies païennes qu'il signale au zèle des évêques, se ren-
contrent ces feux sacrilèges que les fidèles rougissent de
nommer : « *Sacrilegos illos ignes quos nec fratres*
vocant [1]. » Il est probable que ces feux et les chants
qui les accompagnaient, ne furent tolérés plus tard,
qu'en faisant oublier leur origine à la faveur d'une des
fêtes de l'Eglise. La Saint-Jean , le dimanche des Brandons, Noël et l'Epiphanie, couvrirent de leur nom ces
vieux restes du paganisme ; et c'est grace à leur patro-
nage qu'ils sont arrivésjusqu'à nous.

Le Carnaval, quoiqu'il dérive incontestablement des
fêtes païennes, n'a conservé aucun chant caractéris-
tique. Le souvenir des Bacchanales s'est perdu , les
folies grotesques des Cosnards sont oubliées, et tout se
réduit, dans la plupart des textes français que nous
avons pu consulter, aux idées naturelles que fait naître
la succession rapide du gras au maigre , de la bonne
chère à la mortification et à l'abstinence prescrites

---

[1] De Gerville, *Etudes sur le département de la Manche.*

par l'Eglise. C'est là le sens de presque toutes les productions joyeuses relatives au Carnaval, et c'est aussi
ce que signifie l'enterrement de Mardi-Gras qui s'exé-
cute encore le Mercredi des Cendres dans beaucoup
de villes de Basse-Normandie. Les enfans des faubourgs accompagnent le convoi funèbre, en chantant à
tue tête :

« Mardi Gras est mort,
« Sa femme en hérite,
« D'une cuiller à pot
« Et d'une vieille marmite.
« Chantons haut, chantons bas,
« Mardi Gras n'entendra pas. »

Ce semblant de versification est toute la poésie de la
fête. Comme on le voit, le Gras Mardi, si vanté dans
toutes les joyeusetés des XVᵉ et XVIᵉ siècles, est encore
plus déchu que le Jour des Rois.

La chanson si connue du *Loup-Vert* se rattache aussi
à une fête religieuse. On la chantait, à Jumièges,
après la prose *Ut queant laxis*, au milieu de cette
étrange cérémonie de la Saint-Jean, qui associait les
idées joyeuses, bouffonnes ou galantes, aux pompes
liturgiques, et qui avait une physionomie originale au
milieu de ces nombreuses réjouissances populaires, si
fortement accentuées de la Renaissance ou du Moyen-
Age. La chanson du *Loup-Vert*, publiée pour la première fois par M. Deshayes, dans son Histoire de l'Abbaye royale de Jumièges, fut reproduite plus tard
avec gravures et musique, par M. Hyacinthe Langlois,
dans son Essai sur les Enervés. Elle est au surplus trop

gracieuse, pour que nous ne la reproduisions pas ici, bien qu'elle ait subi un grand nombre de retouches, et, selon toute vraisemblance, une espèce de remaniement général :

> Voici la Saint-Jean,
> L'heureuse journée,
> Que nos amoureux
> Vont à l'assemblée.
> Marchons, joli cœur,
> La lune est levée.
>
> —
>
> Que nos amoureux
> Vont à l'assemblée ;
> Le mien y sera,
> J'en suis assurée.
> Marchons, joli cœur,
> La lune est levée.
>
> —
>
> Le mien y sera,
> J'en suis assurée ;
> Il m'a apporté
> Ceinture dorée.
> Marchons, joli cœur,
> La lune est levée.
>
> —
>
> Il m'a apporté
> Ceinture dorée ;
> Je voudrais, ma foi,
> Qu'elle fût brûlée.
> Marchons, joli cœur,
> La lune est levée.
>
> —
>
> Je voudrais, ma foi,
> Qu'elle fût brûlée ;

Et lui mon mari,
Moi sa mariée.
Marchons, joli cœur,
La lune est levée.

—

Et lui mon mari,
Moi sa mariée ;
De l'attendre ici,
Je suis ennuyée.
Marchons, joli cœur,
La lune est levée [1].

Les chansons profanes sont beaucoup plus nombreuses que les chansons religieuses ; mais elles nous offrent en définitive les mêmes défauts et les mêmes qualités. Les chants de métier ou de corporation ont à peu près disparu. Cependant on pourrait encore signaler la chanson des Cordonniers, des Sabotiers, des Coquetières, et des Fondeurs. Le texte de la première ne diffère en rien du texte breton, publié par M. Ampère, sur la communication faite au comité par M. Marre. La chanson des Sabotiers reproduit les mêmes idées avec moins de verve et de mérite littéraire. C'est toujours cette gaîté insouciante du lendemain, qui demande ses inspirations à la boisson d'abord, et ensuite à ces filles accortes et faciles, dont Cath'rinette est restée le type populaire.

Et le lundi ils vont voir Cath'rinette,
Lon, la.
Retaillons le fou [2], le beau temps viendra.

[1] C.F. Deshayes. *Histoire de l'Abbaye royale de Jumièges.*
Hyacinthe Langlois. *Essai sur les Enervés de Jumièges.*
Mosaïque de l'Ouest. Années 1844-1845.
[2] Hêtre.

La chanson des Coquetières présente assez peu d'intérêt, et, chose singulière, il n'y est pas même question
de la pêche aux coques, que Charles Nodier décrivit autrefois avec tant de délicatesse dans sa Fée aux Miettes.
Quant à la chanson des Fondeurs, que M. Besnou, de
Villedieu, a bien voulu nous communiquer, elle se réduit,
comme beaucoup de chants de corporation, à saluer l'arrivée de la fête patronale.

Les laboureurs n'ont point été plus favorisés que les
autres professions ; nous ne connaissons en Normandie
aucun chant qui leur soit particulier ou qui ait un trait
direct aux travaux de la campagne. La fête de la gerbe,
où l'on bat Micaut, qui a lieu vers la Saint-Michel, au
battage dans l'aire des derniers sarrasins, n'est accom-
pagnée d'aucune espèce de chant. Dans le Bas-Maine,
il en est tout autrement, on y connaît la chanson des
Moissonneurs, que l'on réserve généralement pour cette
solennité. Nous avons entendu quelquefois en Normandie
son refrain :

« Ho! batteux, battons la gerbe,
« Battons-la joyeusement ; »

mais il était accolé à des chansons d'amour,—et ce n'est
pas dans ces conditions que Duchemin Descépeaux, dans
son Histoire de la Chouannerie, l'a signalé aux environs
d'Antrain et de Laval. [1]

Les naissances et les funérailles ne donnent lieu à
aucun chant particulier. On ne connaît rien en Normandie

[1] *Lettres sur l'Origine de la Chouannerie, et sur les Chouans du
Bas-Maine*, par Duchemin Descepeaux, Paris 1827.

qui puisse rappeler les voceros de la Corse, ni les déplorations funèbres familières à la Bretagne. Les charités elles-mêmes, ces institutions d'un autre âge, qui, en dépit de tous les obstacles, règnent encore aujourd'hui dans le diocèse d'Evreux, se contentent généralement des hymnes et des prières ordinaires de l'Eglise, pour l'enterrement des défunts. Par un hasard merveilleux, au milieu de la décadence générale, les jours de mariage ont conservé, à peu de chose près, leur ancienne physionomie ; on y retrouve à côté des *éteurs*, des *mais*, des *barricades* et des *momons* ¹, certains chants qui remontent généralement à une haute antiquité. Parmi toutes ces productions se distingue la fameuse Complainte des Oreillers, que M. Vaugeois considérait comme empreinte d'idées druidiques, et qui jouit d'une vogue véritable dans la plus grande partie de la Normandie. Un savant professeur avait, il y a quelques années, réuni un assez grand nombre de versions des *Oreillers*. Malheureusement le travail qu'il préparait n'a point été publié après sa mort, et il est à croire que le résultat de ses recherches est aujourd'hui perdu. En l'absence de cette publication regrettable, voici le texte qui nous a paru le plus complet, et le plus satisfaisant. Il s'éloigne assez peu de

---

¹ L'*éteur* ou *éteuque*, est une balle de laine au milieu de laquelle se trouve une pièce d'argent. Le *mai* est une branche de feuillage ornée généralement de rubans. La *barricade* est une clôture improvisée placée sur le chemin de la noce, que l'on ne peut franchir sans payer le passage, et qui sert de prétexte à des libations copieuses et prolongées ; et, d'après M. Dubois, le *momon* serait un bouffon chargé d'égayer les convives. Toutefois, on désigne sous ce nom, dans l'Avranchin, un objet quelconque que l'on joue aux dés vers la fin du repas, et que le gagnant offre généralement à la mariée.

celui que M. Trébutien recueillit, et que l'on peut entendre dans tout le canton d'Harcourt et de Tilly.

PREMIÈRE PARTIE.

PREMIÈRE VOIX.

Nous sommes venus ici de Basse-Normandie,
Pour dire une chanson, s'il plaît la compagnie.

DEUXIÈME VOIX.

Oui-dà, oui-dà, Messieurs, s'il vous plaît nous la dire.

PREMIÈRE VOIX.

Sur le pont d'Avignon, j'ai ouï chanter la belle,
Qui dans son chant disait une chanson nouvelle.

DEUXIÈME VOIX.

J'ai perdu mes amours, je ne puis les requerre.

PREMIÈRE VOIX.

Que don'rez-vous, la belle, à qui vous les requerre ?

DEUXIÈME VOIX.

Je don'rais bien Paris, Rouen et La Rochelle ;
Encor qui vaut bien mieux, cent acres de ma terre.

PREMIÈRE VOIX.

Bridez cheval moron, et lui mettez la selle ;
Diguez-le à l'ép'ron, au logis de la belle.
Et quand vous serez là, mettez le pied à terre ;
Frappez trois petits coups à l'huys de la pucelle.

DEUXIÈME PARTIE.

PREMIÈRE VOIX.

Belle, ouvrez votre porte, nouvelle mariée.

DEUXIÈME VOIX.

Comment que j'ouvrirais, je suis au lit couchée,
Avecque mon mari pour première nuitée.

Attendez à demain la fraische matinée,
Tandis que mon mari sera à sa journée.

PREMIÈRE VOIX.

Comment que j'attendrais, j'ai la barbe gelée,
La barbe et le menton, la main qui tient l'épée ;
Les fers de mon cheval sont ars par la glacée.
Belle, ouvrez votre porte, nouvelle mariée.

—

Car, si vous ne l'ouvrez, vous serez accusée
Par trois petits faucons, qui viennent de l'armée.
Ils vous ont aperçue marchant dans la rosée,
Dans le bois de l'amour, à la lune éclairée.

—

Et mes petits pageaux, ils ont pris leur volée,
Ont pris leur vol si haut, la mer ils ont passée ;
La mer et les poissons, la mer et la marée.
Belle, ouvrez votre porte, nouvelle mariée.

—

Sur le château du roi ont fait la reposée,
Sur la table du roi ont fait la déjeunée,
Dans la cour du roi ont fait leur abreuvée,
Dans le jardin du roi ont fait leur promenée.

—

Pour cueillir un bouquet de rose et geroflée,
Aussi de romarin, lavande cotonnée,
Pour en faire présent à la bell' mariée,
Si, de sa main mignonne, elle nous donne l'entrée.

—

Belle, ouvrez votre porte, nouvelle mariée.

DEUXIÈME VOIX.

Oui-dà, oui-dà, messieurs, je vous donne l'entrée.

Comme on le voit, cette complainte narrative, à double
chœur, se compose d'une introduction commune à

beaucoup de Vaux-de-Vire normands, et de deux parties nettement séparées par le changement complet d'assonances. Quant au cheval morion ou moron, il n'entre dans la chanson que pour servir de prétexte à des fantaisies équestres exécutées autrefois par le mari et les gens de la noce, et qui devaient rappeler les démonstrations grotesques auxquelles donnait lieu le droit de Quintaine. Au reste, on pourrait encore retrouver la trace des droits seigneuriaux perçus à l'occasion des mariages dans cette coutume étrange du jet de l'Eteur, qui n'est jamais exigé de la mariée que lorsqu'elle quitte la paroisse pour épouser un *Horzain* [1].

Aujourd'hui les Oreillers ne sont plus chantés par les invités, mais par des garçons de village, que l'on appelle Réveilleux, et qui viennent le soir répéter cette longue Complainte à la porte des époux, vers la fin du repas des noces. Dans tout le département de la Manche, la chanson des Oreillers est inconnue. On la remplace par la Noce du Papillon, véritable revue goguenarde, dans laquelle figurent les animaux les plus marquans ; le tout accompagné d'allusions satyriques. L'idée de ce pasquil est bien dans le goût du XVIe siècle ; malheureusement les versions que l'on peut recueillir à Pontorson et à Saint-James, sont défigurées par des remaniemens modernes qui leur enlèvent toute espèce de valeur.

Si on laisse de côté ces quelques compositions spéciales à certaines professions ou à certaines circonstances

---

[1] Etranger. C. F. *Une Noce dans le Passais*, par M. Renault.
C. F. Séguin, *Histoire de l'Industrie du Bocage.*
Les Archives de Normandie, par M. Louis Dubois, 2 vol.
L'Orne pittoresque. De la Sicotière.

de la vie, le premier groupe de chansons profanes que l'on rencontre appartient aux branles, branles simples et doubles, vilanelles, pastourelles et chansons à danser en rond. Ce genre, fort étendu, embrasse des compositions de toute nature, rêveuses, gaies, enfantines et railleuses, et presque jamais ces légers badinages ne sont à dédaigner. Souvent, en effet, au milieu des puérilités d'une chanson *berceuse*, on rencontre des indications historiques inattendues et de curieux traits de caractère. Malbrough, — Qui est dans cette tour Ogier, —Le chevalier du Roi,—Quand Biron voulut danser, ne sont pas évidemment les seules rondes d'où l'on puisse tirer d'utiles inductions.

Quelques-unes, moins remarquées peut-être, se rapportent à des préjugés fort anciens qui persistent toujours dans les campagnes. Telle est, par exemple, la Chanson du mois de Mai, qui semble attribuer à l'arrivée du Coucou la répugnance invincible, et presque universelle, qu'éprouvent beaucoup de laboureurs de l'Avranchin à contracter mariage à cette époque de l'année.

> Jeunes gens qu'êtes à marier,
> Oh! n'y vous mariez pas dans le mois de mai,
> — J'ai vu le Coucou!! mé mé,
> J'ai vu le Coucou!!

Une autre chanson, paraphrasant un des préceptes de l'Ecole de Salerne, et s'appuyant sur la *Mue des Poules*, reproduit la même injonction pour le mois d'août.

> Laissez passer l'août sans vous marier.

Malheureusement, si l'on met de côté plusieurs rondes trop connues pour être citées ici, l'on peut dire que l'étude de ce genre de composition est aujourd'hui fort difficile. On ne danse plus guère dans les campagnes de Basse-Normandie ; les couronnes de la Saint-Jean, les maïs fleuris sont également tombés en désuétude, et la ronde semble abandonnée d'une manière à peu près exclusive aux enfans des villes et des faubourgs. C'est là un milieu mobile, accessible à toutes les nouveautés, où la ronde s'altère trop souvent, revêt un caractère cosmopolite, et subit de déplorables modifications. Cependant, malgré tous les remaniemens modernes, le branle amoureux, lorsqu'il est vraiment ancien, conserve toujours une certaine crudité d'idées ou d'expression, qui atteste encore une origine populaire. L'accent de la passion s'y fait jour avec une brutalité instinctive qu'aucun artifice de langage ne saurait complètement faire disparaître. Les rondes du *Petit Bonnet* ; *Zest, zest, zest, oui,* sont fort curieuses à ce point de vue. Les pères et les vieux maris y sont traités avec une rigueur tout-à-fait primitive. Sous une forme plus adoucie, il y a aussi bien du trait et du naturel dans cette ronde railleuse des trois Cousinettes, digne pendant de la chanson plus connue des *Trois Filles à marier :*

> Nous sommes trois cousinettes,
> Toutes les trois à marier,
> Nous nous disions l'une à l'autre :
> Ma sœur fait-il bon aimer?
> Non je ne m'en puis, gué gué,
> Non je ne m'en puis passer.
>
> —
>
> Nous nous disions l'une à l'autre,
> Ma sœur fait il bon aimer ?
> — Demandez à la voisine,

La voisine qu'a tant aimé.
Non je ne m'en puis, etc.

—

Demandez à la voisine,
La voisine qu'a tant aimé.
— La voisine était couchée,
Elle n'a pas pu se lever.

—

La voisine était couchée,
Elle n'a pas pu se lever,
— Elle a crié par la fenêtre,
Faut chercher un cavalier.

—

Elle a crié par la fenêtre,
Faut chercher un cavalier.
— En voici un, en voici deux,
En voici un fort à mon gré.

—

En voici un, en voici deux,
En voici un fort à mon gré.
— Donnez-moi votre main blanche,
Avec moi venez danser.

—

Donnez-moi votre main blanche,
Avec moi venez danser.
— Retournez à votre place,
Vous m'avez pris' sans m'embrasser.

—

Retournez à votre place,
Vous m'avez pris' sans m'embrasser.
Je dirai à votre mère,
Que vous êtes un engelé.

—

Je dirai à votre mère,
Que vous êtes un engelé;
Un mangeur de pommes cuites,
Un buveur de lait trutté.

Un mangeur de pommes cuites,
Un buveur de lait trutté;
Allez rejarter vos chausses,
Vos souliers sont débouclés.

—

Allez rejarter vos chausses,
Vos souliers sont débouclés;
Regardez sur votre manche,
Vous vous y êtes mouché.

—

Regardez sur votre manche,
Vous vous y êtes mouché;
Regardez sur votre épaule,
Le Coucou s'y est perché,
Non je ne m'en puis, gué gué!!
Non je ne m'en puis passer.

Ces reproches violens de la jeune fille et la simplicité embarrassée du jeune homme, forment un tableau assez piquant. Au surplus, cette idée se trouve reproduite avec des variantes plus ou moins lestes dans une infinité de chansons. Il existe même, à ce sujet, dans un Ms de chansons de la collection Leber à Rouen, un branle du XVIIe siècle, dans lequel l'auteur prête à son héroïne un langage tout aussi gaillard que celui des Cousinettes.

Ici se place naturellement une autre ronde, qui rentre à peu près dans le même ordre d'idées, et que nous citons, moins à cause de son mérite, que parcequ'elle nous semble une réminiscence éloignée de ce charmant Vau-de-Vire « Eh! qui vous passera les Bois », dont M. Rathery a fait récemment une si élogieuse appréciation. Sans doute on n'y remarque pas toutes les qualités qui distinguent la poésie originale, l'une des plus parfaites à notre sens de la collection de Bayeux; mais on y retrouvé au moins cette inspiration malicieuse et narquoise, familière à nos vieux auteurs, qui justifierait au besoin la conclusion sceptique du Vaudeviriste :

« Femme je ne croirai d'un mois,
« Tant soit belle et abille [1]. »

Quand ma journée est faite,
    La, la, la, la, la...
Je m'en vais promener.

—

Dans mon chemin rencontre,
    La, la...
Une fille à mon gré.

—

J' l'ai prise par sa main blanche,
    La, la.,.
Et au bois l'emmenai,

—

La fille était timide,
    La, la...
Elle se mit à pleurer.

—

Et moi comme un idoine,
    La, la...
Je la quittai aller.

—

Quand elle fut dans la plaine,
    La, la,
Elle se mit à chanter.

—

Ah! qu'avez-vous, la belle,
    La, la,
Qu'avez-vous à chanter ?

—

[1] Ms de Bayeux appartenant à M. Ed. Lambert, petit in-folio, sans titre, sur vélin.

Je chante Nicodème,
La, la.
Qui m'a quittée aller.

Cette finale se rencontre dans beaucoup d'autres galanteries de ce genre. Nous en citerons une seule, que l'on entend très-fréquemment aux environs de Saint-Hilaire-du-Harcouët, et qui confine de très-près au Vau-de-Vire primitif :

Quand elle eut passé le bois,
Elle se mit à sourire.

—

Belle, qui menez tel emoy,
Ah! qu'avez-vous à rire.

—

Je ri de toi, et non de moi,
Et de ta lourderie.

—

Qui m'a laissé passer le bois,
Sans un mot à me dire.

Les mésaventures conjugales, qu'elles aient pour cause l'absence d'inclination, la disproportion d'âge, ou l'inconstance si naturelle au cœur humain, forment un thême inépuisable, sur lequel tous les chansonniers populaires se sont tour-à-tour exercés. La plupart des branles, qui ont trait à ce sujet, débutent par un tableau lamentable de la position de la femme :

« Quand je rentre au logis,
» Ma rente est d'être battue ;
» Il prend la cuiller à pot,
» A la tête il me la rue ;
» C'est un vilain rioteux,
» Je suis jeune et il est vieux. »

Mais il ne faut pas croire que le spectacle fâcheux
de ces rixes domestiques attriste le chansonnier. Dans
cette littérature, empreinte de l'esprit gaulois, la femme
ne se désole jamais ; elle prend facilement son parti de
la mauvaise humeur du mari , et elle s'en va gaîment
chercher fortune et consolation ailleurs. C'est là , il faut
en convenir , une morale assez équivoque ; mais la ronde
participe un peu de la nature insouciante du vaudeville ,
elle prend les choses par le côté plaisant ou grotesque ,
et jamais elle ne s'est donné pour mission d'enseigner
aux hommes les obligations sérieuses de la vie.

> Mon père m'a voulu marier
> A un vieillard bonhomme,
> La fougère, la belle fougère ,
> La fougère grene, grene,
> La fougère grenera ! !
>
> —
>
> Qui n'a ni maille ni denier,
>
> —
>
> Fors un bâton de vert pommier,
>
> —
>
> De quoy il me bat les costez.
>
> —
>
> S'il me bat , je m'en irai
>
> Avec les vaillants mariniers.
>
> Ils m'apprendront le jeu des dez ,
>
> —
>
> Le jeu de cartes après souper.
>
> —
>
> Il en aura , il en aura.
> La fougère grene , grene ,
> La fougère grenera.

Ce branle a une foule d'analogues dans les recueils des xvᵉ et xvⁱᵉ siècles. Il rappelle notamment le fameux : *As-tu pas vu Rouge-Nez*, réimprimé par M. Louis Dubois, en 1821 [1]. La ronde bretonne de la Saint-Nicolas semble aussi, à peu de chose près, calquée sur celle de la belle Fougère.

Les *Voyages d'Amourettes*, les *Bateliers d'Amour*, s'éloignent assez peu de ce genre de composition. C'est toujours cette morale facile et souriante, amie des aventures et peu soucieuse de la foi conjugale, que nous avons précédemment signalée. L'un des meilleurs specimens des innombrables compositions de cette famille, est incontestablement la villanelle du *Batelier* et de la *Dame de Vire*, insérée dans le recueil de Mangeant [2].

Bien que le dénouement soit un peu différent, la plupart des rondes de bergers et de bergères se font remarquer par le même caractère d'enjouement et de simplicité.

Comme j'étais petite,
Petite à la maison,
On m'envoyait aux landes,
Pour cueillir du cresson.
Verduron, verduronette, verduron, don, don.

La fontaine était creuse,
Je suis tombée au fond.

Quand par ici il passe
Trois braves compagnons.

[1] *Vaux-de-Vire* d'Olivier Basselin... suivis d'un choix de bacchanales et de chansons... — Caen, Mancel, 1821. (Réimpression.)

[2] *Idem.*

Que faites-vous là, la belle,
Pêchez-vous du poisson ?

—

Hélas ! non, se dit-elle,
Je suis tombée au fond.

—

Que don'rez-vous, la belle?
Nous vous retirerons.

—

Retirez-moi toujours,
Après çà nous verrons.

—

Quand elle fut retirée,
Chanta une chanson.

—

Ce n'est pas ça, la belle,
Que nous vous demandons ;

—

C'est votre cœur en gage,
Par ma foi, nous l'aurons.

—

Leur fit la révérence,
Leur tourna les talons.

Au début de la Restauration, on chanta dans tout l'Avranchin cette ronde singulière, seulement on remplaçait l'insignifiant *verduron* par un refrain politique, approprié à la circonstance. Quant à la chanson en elle-même, son ancienneté ne saurait être sérieusement contestée. Elle se rencontre sous mille formes dans beaucoup de fleurs de chansons du règne de Henri II et de François Ier. On la retrouve aussi reproduite presque textuellement dans un Ms de la bibliothèque de Rouen, fonds Leber, intitulé : *Choix de Vaudevilles, Noëls et Chansons*, et portant le n° 5,771. Cette ronde débute ainsi :

Quand j'étais chez mon père
Petite Camuson,
L'on m'envoyait à l'herbe
Pour garder mes moutons.
L'amour me fait, lon, la.
L'amour me fait mourir.

Il existe dans le même recueil deux autres branles qui, avec des détails et un début analogues, présentent à la fin la contre-partie de la ronde de la Camuson. L'un d'eux est intitulé : *la Gardeuse d'Agneaux* : l'autre a pour refrain ces paroles étranges, qui font suffisamment pressentir la tournure gaillarde de la chanson tout entière.

Hélas ! pourquoi s'endormit-elle,
La petite Jeanneton ? [1]

Les couplets suivans, dans un genre un peu différent, laissent parfaitement deviner une intention malicieuse. Peut-être même pourrait-on découvrir, sous leur légèreté apparente, une protestation indirecte contre la hiérarchie sociale de l'époque :

Je ne veux pas de vos soldats,
Je veux un capitaine.

—

Un capitaine tu n'auras pas,
Tu n'es pas demoiselle.

—

Si demoiselle je ne suis pas,
J'ai bien avec quoi l'être.

—

Un gentil corps advenant
Fait bien des demoiselles.

[1] CF. Les Rondes et Chansons à danser, recueillies par Ballard. Paris, 1727, in-8.

Mon père faisait des sabots,
Et ma mère des écuelles.

—

Un petit frère que j'ai
Les porte à la Rochelle

Sur un petit cheval grison
Qui va comme l'érondelle.

—

Vaut-il pas bien le capitaine,
Et moi les demoiselles ?

Les mêmes sentimens se manifestent encore, quoique
avec plus de mesure, dans la ronde des *Trois Gentilshommes* qui, malgré l'insignifiance de son intermi-
nable refrain, n'est pas entièrement dépourvue de mérite :

En Basse-Normandie,
Au pays où j'étais,
Y avait trois gentilshommes,
Tous trois amoureux de mé.
Oh ! vertigué,
Oh ! na ma fé.

Oh ! quioup, quioup, oh ! quioup, ma fé.
Oh ! oh ! qu'ils ont d'amour pour mé.
Que n' dort, que n' dort, oh! quioup, oh! quioup,
Que n' dort, que n' dort, oh ! quioup, ma fé,
Oh ! qu'ils ont d'amour pour mé.

—

L'un est le fils d'un prince,
L'autre le fils d'un ré,
L'autre le fils d'un ecuier,
Et c'est c'ti là que j'aimé.

La chanson si connue du *Château-d'Amour*, est un
peu moins vive que la précédente ; mais elle se dis-

tingue entre toutes par sa gracieuseté nonchalante, qui lui a mérité l'honneur de servir de type à beaucoup d'autres compositions religieuses et profanes :

> J'ai un long voyage à faire,
> Je ne sais qui le fera.
> — Bel oiseau prend sa volée,
> Au château d'amour s'en va.
>> La violette double, double,
>> La violette doublera.
>
> —
>
> Trouvant les portes fermées,
> Par la fenêtre il entra.
>
> —
>
> Trouvant trois dames assises,
> Tout humble les salua.
>
> —
>
> Bonjour l'une, bonjour l'autre,
> Bonjour la belle que voilà.
>
> —
>
> Votre amant m'envoie vous dire
> Que vous ne l'oubliiez pas.
>
> —
>
> J'en ai bien oublié d'autres,
> J'oublierai bien celui-là.
>
> —
>
> S'il était venu lui-même,
> Il n'eût pas perdu ses pas.
>
> —
>
> Tout amant qui craint sa peine,
> Sera toujours logé là.

La chanson de la *Caille*, si aimée des enfans, et qui semble, avec son refrain à double écho, une réminiscence éloignée de la campagne, appartient à la même famille :

> Mon ami est venu m'y trouver,
>
> —
>
> Entends-tu, hau ! Micaut, hau !
> J'ai vu la caille,
> Parmi la paille,
> J'ai vu la caille,
> Dans le blé.
>
> —
>
> M'a dit : La belle, veux-tu m'aimer ?
>
> —
>
> —Nenny, car ma mère le saurait.
>
> —
>
> —Dis-moi donc, belle, qui lui dirait,
>
> —
>
> Hormis la pie ou le corbin,
>
> —
>
> Qui disent dans leur gai refrain :
>
> —
>
> Filles et garçons, aimez-vous bien.
>
> Entends-tu, hau ! Micaut, hau !
> J'ai vu la caille,
> Parmi la paille,
> J'ai vu la caille
> Dans le grain.

La ronde de l'*Ormeau fleuri* ou du *Bois taillis*, a beaucoup plus de mérite littéraire, et, de plus, la passion y revêt un caractère accentué, qui révèle une origine assez ancienne :

> Derrière chez mon père,
> Il est un bois taillis.
> Serai-je nonnette, oui ou non ?
> Serai-je nonnette ? je crois que non.

Le rossignol y chante
Et le jour et la nuit.

—

Il chante pour les filles
Qui n'ont pas d'ami.

—

Il ne chante pas pour moi,
J'en ai un, Dieu merci !

—

J'en avais un aussi ;
Mais les Engloys m'l'ont pris.

—

Je donnerais ma terre
A qui m' l'irait querir.

—

Mes cousins et mon frère,
Ma mère, mon père aussi.

—

Quand j'y pense le soir,
Je ne puis m'endormir.
Serai-je nonnette, oui ou non ?
Serai-je nonnette ? je crois que non [1].

La chanson que nous allons maintenant transcrire appartient à une tout autre manière. C'est de la grosse gaieté, comme l'aimaient David Ferrant, Louis Petit, et comme on peut en voir des exemples dans *la Sarcelle*, dans la *Muse Normande* de 1655 et de 1658, et dans le *Coup-d'Œil Purin* de 1773. Seulement il est bon de dire ici que son origine populaire ne nous semble pas parfaitement établie :

J'avais un biau capet de paille,
Haut et pointu,

---

[1] CF. *Bulletin de la Langue*, 1853, n° 4.

Qui me coûtait chinquante-neuf sous,
          Moins d'un écu,
          Saperjeu !
Qui me coûtait chinquante-neuf sous,
          Moins d'un écu.

——

J'avais un bel habit tout neir,
          Cousu de fil blanc,
Que je ressemblais par le derrière,
          Au Persident.

——

Je m'en fus dans cet équipage,
          Faire l'amour ;
Je m'entretins de charriage
          Et de labour.

——

D'nos vaques blanches, d'nos brebiettes,
          D'nos grands bœufs ;
Et d'nos petites poulettes,
          Pondant des œufs.

——

Mais les femmes sont si folasses,
          Que c'est pitié ;
J'y ai fait plus de cent viages
          Sans l'amener.

Par une coïncidence assez remarquable, cette composition ressemble tout-à-fait, pour l'idée, à une chanson beaucoup plus ancienne, publiée pour la première fois par Mangeant, et reproduite plus tard par M. Louis Dubois, dans son édition de Basselin [1]. C'est aussi la description grotesque du costume d'un prétendant éconduit ; seulement tous les détails ne sont pas les mêmes : l'échec est annoncé au début au lieu d'être réservé pour

[1] *Les Vaux-de-Vire* d'Olivier Basselin. — Caen. Mancel, 1821.

44

la fin, et le type de l'élégance n'est point encore le pré-
sident, mais bien l'Anglais, preuve certaine que cette
plaisanterie remonte à l'époque de l'occupation, et est
voisine de 1450. Les trois premières strophes suffiront,
je pense, pour faire apprécier la manière de cet ancien
Vau-de-Vire :

> J'ay aimé une jeune fille,
> D'un grand moyen;
> Son père, si me l'a donnée,
> O' n'en veut rien.
>
> —
>
> Quand je partis de mon village,
> Pour l'aller vaie;
> J'estois vestu de pied en cape
> Comme un Engloys.
>
> —
>
> J'avois un biau capet de paille,
> Haüct et poincteu ;
> N'y avoit homme à mon village
> Qui n'en ait jeu.

A cette catégorie, qui peut revendiquer toutes les
paysanneries, tous les coq-à-l'âne et toutes les chansons
de meunier et de moulin, appartient aussi la ronde du
Paturiau, que nous reproduisons à cause de son étrangeté rustique :

Lorsque j'étais petit, petit gas paturiau,
On m'envoyait aux landes, pour garder mes ayniaux,
    Jean Guignol que j'aime entendre,
    La gentie farlaquin, quin.
    Que j'aime entendre la farlaquin.

—

Le loup y est venu, m'a mangé les plus biaux,

Puisque t'es si goulu, garde-m'en donc la piau,
—
Et le bout de la queue, pour mettre à mon chapiau,
—
Et le bout des quatre pattes, pour faire un chalumiau,
—
Pour faire danser les filles, à ce printemps nouviau,
—
Les jeunes aussi les vieilles, toutes dans un monciau
—
Aux gentils tourdions, de la fontaine lez eau.

Quelquefois ces imaginations grotesques, qui distinguaient nos aïeux, ne disparaissent de la chanson, que pour se réfugier dans le refrain. Nous citerons pour exemple cette boutade si commune, que l'on voit souvent accolée à des couplets amoureux :

Je suis entre deux ânes, d'une main je tiens l'ânon,
. Et de l'autre main l'âne.

Au milieu de toutes ces joyeusetés, qui forment le fond général de la ronde, on rencontre parfois, en Normandie, quelques branles mélancoliques, qui contrastent vivement avec les autres. Le plus célèbre en ce genre est incontestablement celui de *la Claire Fontaine*. Transporté par quelques émigrans au Canada, il s'y vulgarisa rapidement, et devint, dès le xvii siècle, l'un des chants nationaux de ces populations françaises. Il faisait songer à la Normandie dans un pays où les mœurs, le langage, et jusqu'aux noms de lieux rappellent d'une manière saisissante la patrie originaire. Tout récemment, la ronde canadienne voyait renaître en France son ancienne popularité ; et, sous une

forme un peu modernisée, elle charmait an théâtre, dans
le *Piano de Berthe*, tout un public difficile et blasé.
Voici le texte que l'on chante aujourd'hui aux environs
de Caen et dans tout le département de la Manche. Il
s'éloigne d'une manière assez sensible du texte canadien
publié par Hutson, et du texte français adopté par
M. Rathery :

> A la claire Fontaine,
> Les mains me suis lavé.
> La, hi, tra, la, la, la.
>
> —
>
> A la feuille du chêne,
> Me les suis essuyées.
>
> —
>
> Sur la plus haute branche,
> Le rossignol chantait.
>
> —
>
> Chante, beau rossignol,
> Toi qui as le cœur gai.
>
> —
>
> Le mien n'est pas de même,
> Mon amant m'a laissée.
>
> —
>
> Pour un bouton de rose,
> Que je lui ai refusé.
>
> —
>
> Je voudrais que la rose,
> Fût encore au rosier.
>
> —
>
> Et que le rosier même,
> Fût encore à planter.
>
> —
>
> Et que le planteur même,
> Ne fût pas encore né.

Et que mon ami Pierre,
Fût encore à m'aimer [1].

Il faut cependant en convenir, la ronde de *la Claire Fontaine* est une exception. La plupart du temps, lorsque le sentiment rêveur apparaît dans les chansons à danser, il est indiqué d'une manière beaucoup plus légère, et n'y figure pour ainsi dire qu'à l'état de nuance : nous citerons pour exemple la ronde marinière des *Filles de Saint-Servan*, qui a d'autant plus d'intérêt que c'est une des seules que nous ayons entendues dans l'Avranchin :

Ce sont les filles de Saint-Servan,
Tan, ter, lan, tan, ter, lan, tan !
Hélas ! qu'elles sont jolies ! O gué !
 Hélas ! qu'elles sont jolies !

—

Elles ont regardé vers le camp,
Aperçùrent un navire.

—

Arrivent, arrivent au batelier,
Que le bon vent amène.

—

As-tu point vu mon ami
 Aux îles de Canarie ?

—

Oui je l'ai vu, et il m'a dit
 Que vous étiez sa mie.

—

Oui je la suis, et la serai
 Tout le temps de ma vie [2].

[1] CF. *Bulletin de la Langue*, 1853, n° 4.— Hutson, *Répertoire canadien.* Montréal, 1848. — Rathery, *Chants populaires de France.*

[2] CF. *Les Filles de La Rochelle. Bulletin de la Langue*, 1853, n° 4.

Il est un autre genre de composition, où l'inspiration populaire se manifeste d'une manière plus nette et moins mélangée, et presque toujours avec un caractère de tristesse fortement prononcé. Ces chansons, parmi lesquelles ont pris place, au moyen de légères transformations, plusieurs branles anciens, ressemblent beaucoup aux Sônes de la Bretagne ; elles semblent souvent avoir la même origine, et se rattacher à des souvenirs identiques. Dans les campagnes de l'Avranchin, elles accompagnent les travaux de la moisson, et surtout la cueillette du chanvre ; et, pour cette raison, on les désigne généralement sous le nom de *Chansons moissonneuses,* de *Chansons cueillissoires* ou de *Chansons de Filasse.* L'influence des idées modernes ne s'y est point encore fait sentir ; et, en écoutant le soir ces poésies singulières, empreintes souvent d'un vif sentiment religieux, on se croirait volontiers reporté à des époques fort anciennes. Deux lignes au plus composent le couplet. Le refrain est vraiment la partie importante, il supplée à la pauvreté ou à l'absence de la rime, et c'est lui qui donne toujours lieu aux fantaisies vocales les plus compliquées. — Au reste, il ne faudrait pas s'y tromper, la longueur du refrain, et son retour continuel, que nous serions tenté de considérer comme un défaut, forme précisément un des plus sûrs moyens de succès de la Chanson de Filasse. Elle exige, en effet, peu d'efforts de mémoire, elle permet à tous les laboureurs de prendre part fréquemment au chant ; et, avec son allure monotone, elle s'adapte merveilleusement à la marche lente et régulière des travaux de la campagne. Aussi croyons-nous que c'est en partie à la prédominance du refrain, que la chanson cueillissoire doit sa vogue et sa popularité.

L'une des chansons de ce genre, le plus répandue dans l'Avranchin, est celle du *Maréchal* ou du *Moy*, ainsi nommée à cause des refrains qui l'accompagnent généralement. Les *écoliers qui vont aux ordres*, font songer aux cloarecs, et la crainte vague de la mort, qui respire dans toute cette composition, est beaucoup plus dans les instincts de la race celtique que dans ceux des populations normandes :

> De Paris à la Rochelle,
> Plantons le moy,
> Plantons le moy, Madelaine ;
> Plantons le moy,
> Vous et moi.
>
> —
>
> Il y a trois demoiselles,
>
> —
>
> Qui se coiffent à la chandelle.
>
> —
>
> O ma sœur ! que vous êtes belle !
>
> —
>
> A quoi ma beauté m'y sert-elle ?
>
> —
>
> Je n'en suis pas plus tôt mariée.
>
> —
>
> Dedans un an vous le serez,
>
> —
>
> Dedans un an je serai morte.
>
> —
>
> Si je meurs que l'on m'enterre,
>
> —
>
> Que ce ne soit en roc ni terre,
>
> —
>
> Mais dedans un coffret de roses,

Sur ma tombe que l'on y plante

—

Un rosier de roses blanches.

—

Les écoliers qui vont aux ordres,

—

Y cueilleront chacun une rose,

—

Et prieront Dieu pour la belle,

—

Pour la belle, morte d'amourette [1].

Cette chanson est connue bien ailleurs que dans l'Avranchin. M. de Corcelle l'a recueillie avec quelques variantes dans le département de l'Orne ; de plus, elle a été parodiée, dès le XVIᵉ siècle, dans une chanson vilaine, réimprimée par Techener, et désignée sous le nom *du Teremutu* [2].

Les deux suivantes ne sont pas moins tristes ; et, malgré le développement extraordinaire qu'elles reçoivent, il est facile d'y reconnaître, sauf de légères différences de détail, deux chants de la Bretagne française ou du pays *Galo*, reproduits par M. Ampère, et signalés pour la première fois par le docteur Roulen :

A cheval, à cheval pour aller voir ma mie,
Lon, lon, la,
Landerira, landerirette,
Landerira,
Lanla.

—

Ma belle n'y était pas; la voilà qui arrive.

---

[1] *Bulletin de la Langue*, 1853, n° 4.

[2] *La Fleur nouvelle des Chansons.* — Paris, Techener, in-18.

Je me marie lundi, je vous prie de mes noces.

—

La bell' fut chez l' tailleux, se fit tailler trois robes,

—

L'une de satin blanc, l'autre de satin rose,

—

Et l'autre de drap d'or, la couleur la plus noble.

—

L'amant, qui la salue, la fait entrer en danse,

—

Au quatrième tour, la belle est tombée morte.

—

Elle est tombée à droite, et l'amant à sa gauche.

—

Et les gens de la noce dirent : Quell' triste noce.

—

Sur la tomb' du garçon on y mit une épine.

—

Sur la tomb' de la belle on y mit une olive.

—

L'épine crut si haut qu'elle embrassa l'olive.

—

On en tira du bois pour bâtir des églises [1].

Il est impossible de ne pas être frappé du caractère primitif de cette poésie. La catastrophe est amenée par une gradation rapide d'évènemens qui la font pressentir dès le début ; tous les détails accessoires restent dans l'ombre ; et, en présence des faits, le poète ne se donne pas la peine d'en indiquer la moralité.

Le second chant, dont nous avons parlé, s'éloigne peut-être un peu plus que le premier du texte breton, mais il appartient évidemment à la même famille.

[1] Comme dans quelques-unes des précédentes, les vers de cette chanson peuvent se dédoubler.

L'autre jour j'y cheminais,
Dedans la forêt du Roi.

—

Le rossignol charmeur
Y cheminait quanté moi.

—

Qui me dit, dans son langage,
Que ma miette était morte.

—

Je m'en fus droit au logis,
Où la bell' m'avait aimé.

—

Je n'y trouvai que la mère,
Qui ne cesse de pleurer,

—

Ah! qu'avez-vous, ma mère,
Qu'avez-vous à pleurer?

—

Je n'avais qu'un' pauvre fille,
V'là qu'ils sont à l'enterrer.

—

J'pris mon cheval par la bride,
Et mon manteau sous mon bras.

—

Je n' fus pas à mi la route,
J'entendis les cloches tinter.

—

Je n' fus pas à mi cem'tière,
J'entendis les prêtres chanter.

—

Je n' fus pas à mi grand'porte,
Je vis les cierges fumer.

—

Je n' fus pas à mi bancelle,
Je vis le drap mortuaire.

—

Je m'en fus droit à la bière,
Pour voir si ell' reposait.

—Que je dorme ou que je veille,
Ce n'est plus là vot' affaire.

—

La ceintur' que vous m' donnîtes,
Fait trois tours autour de moi.

—

Les anneaux que vous m' donnîtes,
Ils sont encor à mes doigts.

—

La coiffur' que vous m' donnîtes,
Elle est là dans mon coffret.

—

Prenez tout et donnez-le
A qui priera Dieu pour moi.

—

Fait's-en dir' trois messes,
Un' pour vous et deux pour moi.

—

N'allez plus aux assemblées,
Danser, rire et vous yvrer.

—

Ne conduisez plus les filles
Sans lantern's y allumer.

—

Et que la vierge Marie,
Vienne en aide aux trépassés.

Malgré l'ampleur des détails, c'est bien la chanson
de *Jeanne et de Pierre*. Seulement, dans la composition
originale le dénouement est à la fois plus triste et plus
émouvant.

Je daubis du pied dans la chasse,
Réveill'ous, Jeanne, s'ous dormez.

—

—Non, je ne dors ni ne sommeille,
Je s'is dans l'enfer à brûler.

Auprès de moi reste une place,
C'est pour vous, Pierre, qu'on l'a gardée.

—

— Ah ! dites-moi plustôt, ma Jeanne ,
Comment fair' pour n'y point aller ?

— Il faut aller à la grand'messe
Et aux vêpres sans y manquer.

Faut point aller aux fileries ,
Comm' vous aviez accoutumé.

—

Ne faut point embrasser les filles ,
Sus le bout du coffre, au pied du lect [1].

La tristesse n'est pas moins accentuée dans le chant
de *l'Anneau d'Or*. Seulement l'ensemble de cette composition est plutôt romanesque que religieux :

C'est sur le pont de Nantes,
Vogue, beau marinier, vogue.
M'y allant promener,
Vogue, beau marinier.

—

En mon chemin rencontre ,
Vogue, beau marinier, vogue.
Une fille éplorée.
Vogue, beau marinier.

—

Ah ! qu'avez-vous, la belle ?
Vogue, beau marinier, vogue.
Qu'avez-vous à pleurer ?
Vogue, beau marinier.

—

Je pleure mon anneau d'or,

[1] *Bulletin de la Langue* , 1853, n° 4.

Vogue, beau marinier, vogue.
A la mer qu'est tombé.
Vogue, beau marinier.

—

Le galant se dépouille,
Vogue, beau marinier, vogue.
A la mer s'est jeté.
Vogue, beau marinier.

—

Au premier coup qu'il plonge,
Vogue, beau marinier, vogue.
Du sable a rapporté.
Vogue, beau marinier.

—

Au second coup qu'il plonge,
Vogue, beau marinier, vogue.
L'anneau d'or a touché.
Vogue, beau marinier.

—

Au troisième coup qu'il plonge,
Vogue, beau marinier, vogue.
Le galant s'est noyé.
Vogue, beau marinier.

—

La bell' qu'est en fenêtre,
Vogue, beau marinier, vogue,
Ell' se mit à pleurer.
Vogue, beau marinier.

—

Faut-il pour une fille,
Vogue, beau marinier, vogue,
Que tu te sois noyé.
Vogue, beau marinier.

—

Prêtez-moi votre dague,
Vogue beau, marinier, vogue,

Pour couper mon lacet.
Vogue, beau marinier.

—

Et quand elle eut la dague,
Vogue, beau marinier, vogue,
Au cœur s'en est donné.
Vogue, beau marinier.

On retrouve dans beaucoup de pays des récits analogues. Schiller a même imité, dans un de ses poëmes,
intitulé : *le Plongeur,* une composition populaire de
l'Allemagne, qui devait un peu rappeler la chanson normande de *l'Anneau d'Or.* Cependant, je ne sais trop
si nos couplets naïfs n'émeuvent pas davantage par leur
négligente simplicité, que ne le font les vers étincelans
du grand poète allemand :

« Une ardeur divine s'empare de son âme. Dans ses
» yeux l'audace étincelle ; il voit la princesse rougir,
» pâlir, et tomber évanouie. Un si digne prix tente son
» courage, et il se précipite de la vie à la mort.

» La vague rugit et s'enfonce. Bientôt elle remonte
» avec le fracas du tonnerre. Chacun se penche, et y
» jette un regard plein d'anxiété, le gouffre engloutit
» encore et revomit les vagues qui s'élèvent, retombent,
» et rugissent toujours.... mais sans ramener le plon-
» geur [1] ! »

Il existe en Normandie un autre chant tout aussi mé-
lancolique, connu sous le nom : *Du Beau Marinier.*
La fin se rapproche un peu de la chanson précédente ;
mais le dessin général rappelle beaucoup plus la ronde

---

[1] *Faust de Goëthe,* suivi d'un choix de ballades. — Gosselin,
Paris, 1843.

nantaise des *Mariniers Marchands de Blé*, communiquée au Comité de la Langue par M. de Corcelle. *Le Beau Marinier* nous a été signalé par M. Le Héricher, et il se chante encore tous les jours sur les côtes de la baie du Mont-Saint-Michel, depuis Pontorson jusqu'à Granville :

> Beau marinier, qui marines,
>   Vive l'amour !
> Apprends-moi à chanter,
>   Vive le marinier !

> Entrez dans mon navire,
>   Vive l'amour !
> Je vous l'apprenderai,
>   Vive le marinier !

> Quand la bell' fut dans le navire,
>   Vive l'amour !
> Ell' se prit à pleurer,
>   Vive le marinier !

> Eh ! qu'avez-vous, la belle,
>   Vive l'amour !
> Qu'avez-vous à pleurer ?
>   Vive le marinier !

> Hélas ! j'entends mon pèr' qui m'appelle,
>   Vive l'amour !
> Qui m'appell' pour souper,
>   Vive le marinier.

> Eh ! taisez-vous, la belle,
>   Vive l'amour !
> Avec moi vous soup'rez,
>   Vive le marinier.

. . . .
. . . .
. . . .
. . . .
—

Quand la bell' fut pour se coucher,
    Vive l'amour !
Son lacet s'est noué,
    Vive le marinier !

—

Prêtez-moi votre dague,
    Vive l'amour !
Mon lacet est noué,
    Vive le marinier !

—

Et quand elle eut la dague,
    Vive l'amour !
Dans l' cœur se l'est plongée,
    Vive le marinier !

—

Sans la maudite dague,
    Vive l'amour !
Je serais marié,
    Vive le marinier !

—

A la plus jolie fille,
    Vive l'amour !
De tout l' bourg de Guirlé.
    Vive le marinier !

La chanson *des Anglais* se rattache aussi à ces aventures galantes et tragiques, si nombreuses dans la poésie populaire. Il s'agit encore de l'enlèvement d'une jeune fille... qui se dérobe par la mort aux poursuites de son ravisseur. Cette petite composition est empreinte d'un vif sentiment religieux, qui pourrait à la

rigueur la faire considérer comme une légende dévote.
Au reste, c'est à peu de chose près la version normande de la complainte célèbre de la *Belle Olle* ou
de la *Cane de Montfort*, qui berça autrefois de sa monotone harmonie la jeunesse de Châteaubriand [1] :

C'est sur le pont de Nantes,
Emmenons, gué! gué! la bergère,
Les Anglais vont jouer,
Emmenons la bergère au pré.

—

Ils ont trouvé qui prendre,
Un homme prisonnier.

—

Si nous avions ta fille,
Nous te lairions aller.

—

Ma fille est à l'église,
Faut aller la trouver.

—

Bell', votre pèr' vous mande,
Faut aller le trouver.

—

Quand la bell' fut au châtel,
Les portes se sont fermées.

—

Quand ell' fut dans la chambre,
Elle se mit à pleurer.

—

Et le grand capitaine,
La requit de l'aimer.

—

Attendez, se dit-elle,
Ce soir, après souper.

[1] CF. *Bulletin de la Langue*, 1855, n° 4.

Et quand ell' fut seulette,
Ell' se mit à prier.

—

Ell' pria Dieu, la Vierge,
Et l'archange Michel.

—

Et quand le capitaine
Revint pour la trouver,

—

Il l'appela trois fois,
Sans pouvoir l'éveiller.

—

Il lui fit dir' trois messes
Et la fit enterrer.

—

Puis quitta le métier.
Emmenons, gué ! gué, la bergère,
Pour se faire tonsurer.
Emmenons la bergère au pré.

La complainte de *la Dame à la Tour* et du *Pri-sonnier* roulait sur une infortune non moins touchante. Malheureusement la tradition n'en a conservé que les deux premiers couplets, qui se répètent d'une manière indéfinie :

Madame est au pied de la tour,
Triste, songeant à ses amours.
Lon, lan, lere,
Lan derira, lan lere.
L'amour me fait mourir.

—

Beau chevalier est dans la tour,
Pleurant sa belle et nuit et jour.
Lon, lan, lere,
Lan derira, lan lere,
L'amour me fait mourir.

Il est au surplus assez facile de se faire une idée
de cette petite composition pleine de simplicité et de
charme. Le quatrième livre des Chansons en forme de
Vaudeville, publié à Paris, par Le Roy et Ballard,
en 1573, contient une chanson mise en musique par
de Bussy, qui n'est autre chose que la complainte de
la Dame à la Tour. Elle a pour refrain, dans le recueil de Ballard, ce vers langoureux :

> Las, il n'a nul mal, qui n'a le mal d'amour ?

On en retrouve encore un texte plus ancien et plus
complet, avec musique de Josquin, dans la *Couronne
et Fleur des Chansons à Troys,* imprimé à Venise,
en 1536, par Anthoine del Abbate. Nous croyons de-
voir le reproduire ici avec son début analogue à celui
du *Comte Guy,* de *la Gente Isabel* et de *la Bele
Yolans :*

> La belle se siet au pied de la tour,
> Qui pleure et soupire, et mène grant doulour.
>
> ——
>
> Son père li demande, ma fille, qu'avez-vous ?
> Vollez-vous mari, vollez-vous signour ?
>
> ——
>
> Je n'y veultz mari, je n'y veultz signour,
> Je veultz le mien amy qui pourris en la tour.
>
> ——
>
> Par Dieu, ma belle fille, à cela fauldrez-vous,
> Car il sera pendu demain, au point du jour.
>
> ——
>
> Mon père, s'on le pend, enterrez-moi dessoult,
> S'entrediront les gens : voicy léalle amour [1].

---

[1] *La Couronne et Fleur des Chansons.* — Petit vol. oblong, rarissime. — Collection Leber. Bibliothèque de Rouen.

La chanson de *la Pernette*, si célèbre dans le Lyonnais et l'Auvergne, reproduit avec un peu plus de développemens des idées tout-à-fait analogues.

> Si vous pendoulez Pierre,
> Pendoulez-moi aussi.
>
> —
>
> Couvrez Pierre de roses,
> Et moi de mille fleurs.
>
> —
>
> Au chemin de St-Jacques,
> Enterrez-nous tous deux.
>
> —
>
> Les pèlerins qui passent,
> Prieront Dieu pour nous deux.

Ces histoires de prisonniers n'avaient pas toujours un dénouement aussi lugubre. Nous pourrions citer pour preuve la chanson du *Prisonnier d'Avranches* ou du *Prisonnier de Nantes*, si connue dans les environs de Sartilly. On la retrouve dans toutes les paroisses du bassin de la Sée et de la Sélune, et elle pourrait parfaitement se rapporter à quelque évasion notable oubliée par l'histoire :

> Dans la prison d'Avranches,
> Un prisonnier y a.
>
> —
>
> Personn' ne le va voir,
> Hors la fill' du geôlier.
>
> —
>
> Quand ell' lui porte à boire,
> A boire et à manger.
>
> —
>
> Et des chemises blanches,
> Tant qu'il en veut changer.

Ah ! dites-moi, la belle,
Ce que l'on dit de moi.

—

Les nouvell's sont en ville,
Que demain vous mourrez.

—

Bell', pour que je ne meure,
Ah ! quittez-moi les clefs.

—

La fille était jeunette,
Les clefs lui a quitté.

—

Quand il fut sur la grève,
Il se mit à chanter.

—

Que bénies soient les filles,
Les fill's à marier.

—

Surtout celles d'Avranches,
La fille du geôlier.

La chanson très-répandue du *Grand Louis de Bretagne*, nous transporte dans les régions fabuleuses de
l'histoire. C'est le récit de la séduction de la fille d'un
roi d'Espagne, dont le nom n'est point indiqué par
Louis, grand-duc de Bretagne. La chanson ne fait
point connaître si le Breton répara plus tard sa faute,
en épousant la crédule Espagnole. Voici le début de
cette étrange composition, dont la fin est assez sca-
breuse :

« Le grand Louis de Bretagne,
A la guerre il s'en va.

—

Il part d'un si grand' hâte,
Que son oiseau laissa.

> La fille au roi d'Espagne,
> A manger lui porta.
>
> —
>
> Petit oiseau des cages,
> Mange-moi donc cela.
>
> —
>
> Pour l'amour de ton maître,
> Qui mon amant sera. »

La chanson de l'*Oranger* est aussi l'histoire d'une aventure galante, mais l'intrigue en est beaucoup plus vulgaire. Il est clair que nous sommes arrivés à une date moins éloignée; car les héros du récit sont une jeune paysanne, nommée Margot, et le fils d'un avocat. L'homme de robe remplace l'homme d'épée, et il semble qu'il apporte dans les affaires d'amour les ruses et les détours usités au palais. Cette chanson, trop longue pour être transcrite ici, débute ainsi :

> Derrièr' chez mon père,
> Un oranger y a.
>
> —
>
> Il y a tant d'oranges,
> Que la branche en rompra.

La chanson des *Cotillons* et celle de *Passez les Bois*, présentent, avec un dénouement plus satisfaisant, des détails tout-à-fait analogues à ceux que nous connaissons déjà :

> Quand j'étais chez mon père,
> Jeune fille à quatorze ans.
>
> —
>
> J'aime, j'aime les cotillons rouges,
> J'aime, j'aime les cotillons blancs.

On m'envoyait garder les vaches,
Et les moutons, quant et quant.

—

Dans les grands champs où je les mène,
Un grand chemin passe dedans.

—

C'est par ce chemin que passe
Un cavalier tout en blanc.

—

Combien gagnez-vous, la belle,
Combien gagnez-vous par an ?

—

Un écu par chaque année,
D'o un petit cotillon blanc.

—

Venez quanté moi, la belle,
Et vous en gagnerez cent.

—

Je ne vais point quanté les hommes,
Que je n'épouse auparavant,

—

Face à face dans l'église,
En présence de nos parens,

—

La couronne sur la tête,
Les rubans en bavolant.

———

Passez les bois, passez,
Passez les bois, brunette.

—

Mon père il m'a loué
Pour garder brebiettes.

—

Les garder je ne sais,
Car je suis trop jeunette.

Le loup m'en happit trois,
Par une brèche ouverte.

—

Et je m'en fus après
Pour cueillir la violette.

—

J'en emplis tous mes sacs,
Et ma jolie bougette.

—

Il m'en restait trois brins,
Je ne sus où les mettre.

—

J'les mis dessus mon sein,
Dedans ma gorgerette.

—

Le forestier du Roi
Me vit bien les y mettre.

—

Bell', viens-t'en d'avec moi
Au chemin d'amourette.

—

J'aimerais mieux, forestier,
Que ta forêt fût sèche;

—

Et toi au beau mitan,
Pour servir d'allumette.

La chanson des *Cotillons* jouit en Normandie d'une vogue presque universelle. Elle y est connue sous beaucoup de noms différens, qu'expliquent d'ailleurs les variantes de son commencement. A Rouen, on la désigne sous le nom de chanson de la *Servante*; à Saint-James, sous le nom de chanson de *la Belle Française*; dans les environs de Saint-Lo, sous celui de *la Petite Couturière*. *Passez les Bois* est beaucoup moins répandue; mais en revanche elle se rencontre dans plusieurs recueils anciens, et elle se rapproche beaucoup de plusieurs chants de moisson signalés dans l'Orne par M. de Corcelle. On peut joindre, à toutes ces chansons de filasse, celle de : *Ah ! Thomas, réveille-toi*. Elle appartient au même genre d'inspiration, et se distingue entre toutes ces pastorales par une délicatesse prétentieuse et recherchée. Elle figure un peu rajeunie dans quelques recueils du commencement du xviiᵉ siècle :

> Un matin, près d'un jardinet,
> Ah ! Thomas, réveille, réveille,
>   Ah ! Thomas, réveille-toi.

> Je vis mon ami qui dormait ;

> Je le pris par le petit doigt,

> Tant fis qu'il se leva tout droit,

> Et me dit : « Que veux-tu de moi ?

> — Fais-moi donc un joli bouquet.

> — Et de quoi veux-tu qu'il soit fait ?

> — De thim, de rose, et de muguet ;

> Ce sont les fleurs d'amour parfait. »

> En le faisant sa main tremblait,

> Et ne put le fair' bien adreit.

Il existe une infinité d'autres compositions, véritables imaginations enfantines où les idées bizarres abondent [1],

---

[1] Cependant on y surprend quelquefois la trace d'usages disparus.

et où les métaux précieux sont prodigués comme dans un rêve. Pour donner une idée de ces chants, que l'on rencontre dans toutes les littératures, nous en citerons seulement quelques fragmens :

> As-tu pas vu ma mie ?
> Au bois, au bois, au bois,
> Au joli bois m'en vois.

— Je l'ai ouïe et parlée.

— Quel métier faisait-elle ?

— Elle était couturière.

— Et en quoi cousait-elle ?

— Elle cousait en soierie.

— De quoi qu'était l'aiguille ?

— Elle était d'argentine.

— De quoi qu'était sa pointe ?

— Elle était diamantine.

— Dans quoi la serrait-elle ?

— Dans un coffret d'ivoire.

Bien que cette chanson soit assez peu remarquable comme forme, on peut observer qu'elle a été imitée dans une joyeuseté, mise en musique par Moulu,

C'est ainsi que la coutume païenne de couvrir les morts de fleurs et de verdure, mentionnée par Grégoire de Tours comme ayant persisté dans les campagnes « *ut mos rusticorum habetur* », se trouve aussi indiquée dans les chansons du Moy et de la Pernelle. CF. Cochet, *Normandie souterraine*. P.

et insérée dans le sixième livre des chansons d'Adrien Le Roy et Ballard :

« Au bois, au bois, madame,
» Au joli bois m'en vois. »

La chanson du *Canard blanc* et du *Petit Château*, peut donner lieu à des observations identiques :

Derrière chez mon père,

—

Il y a un petit étang.

Trois canards s'y vont mirant.

—

Le fils du Roi y vint passant,

Et tira sur celui de devant.

—

O fils du Roi ! tu es méchant;

—

Tu as tué mon canard blanc.

J'ai vu la plume voler au vent,

Et par le bec, l'or et l'argent.

———

Mon père a fait faire un château,
Allons gaîment, ma mignonne,
Allons gaîment, vous et moi.

Il est petit, mais il est beau.

L'a fait bâtir sur trois carreaux.

De par-dessus coulant ruisseau.

D'or et d'argent sont les créneaux.

Le Roy n'en a pas de si beau.

Cette dernière chanson se retrouve encore dans d'anciens recueils, et elle a même été mise en musique en 1536 par Adrien Villaert [1]. On pourrait multiplier à l'infini ces badinages légers et merveilleux, dans lesquels s'est toujours complue l'imagination du peuple des campagnes. Nous croyons aussi que c'est par des idées de ce genre qu'il faut expliquer la présence, dans beaucoup de rondes et de chansons de filasse, des lauriers, des olives, des orangers, et d'autres arbres étrangers à notre sol, sans qu'il soit besoin d'assigner à toutes ces poésies une origine étrangère et méridionale.

Le côté bacchique est assez peu représenté dans les chansons de filasse. Par une singularité curieuse à noter, dans un pays où le goût de la boisson est général, les chansons destinées à célébrer l'ivresse, le cidre ou le vin, forment une imperceptible minorité. Le plus souvent l'inspiration bacchique se fait jour dans un refrain accolé à une pastorale galante :

> Trois fleurs d'amour rencontrai,
> Deux je pris, l'une je laissai.
> — Branlons la bouteille, branlons !
> Branlons la bouteille.

> Pilons, pilons l'orge,
> L'orge pilé reviendra.

Cependant l'on peut citer quelques productions qui ont un trait plus direct aux plaisirs de la table. L'une

---

[1] Le sixième livre des Chansons en forme de vaudeville, composé en quatre parties par Adrien Le Roy. — *La Couronne et Fleur des Chansons à Troys*. — Venise, 1536.

des plus remarquables est assurément une espèce de
complainte par demandes et par réponses qui, malgré
sa monotonie, peint assez rudement l'amour de la
boisson :

> — Qu'as-tu core à vendre?
> — La coeffe à Jeanne.
> Je l'ai vendu,
> Argent reçu,
> Pour boire un coup,
> Pour faire un saoul;
> Gai! gai! ma mère,
> J'ai de l'argent pour bère,
>
> —
>
> — Qu'as-tu core à vendre?
> — Le mouchoir à Jeanne.

La chanson, suivant en cela un procédé d'énumération
familier aux poètes populaires, détaille successivement
les divers objets qui composent l'habillement de Jeanne,
et toujours revient, en manière de conclusion, le long
refrain que nous avons transcrit.

Ce que nous avons dit des chansons de filasse ne serait
pas complet, si nous ne faisions remarquer que les airs
sur lesquels elles se chantent ajoutent singulièrement à
leur charme et à leur étrangeté. Presque aucun ne s'arrête sur la tonique, la plus grande partie appartient à
un système musical différent de celui que nous suivons
aujourd'hui, et il n'en est guère, qui ne pût devenir,
pour un artiste habile, la source d'heureuses inspirations et de mélodies nouvelles et originales. Peut-être
même serait-il vrai de dire qu'à ce point de vue, la
chanson de filasse, bien entendue et bien comprise,

offre un intérêt plus grand encore au musicien qu'au littérateur [1]

A côté des braules et chansons cueillissoires existaient aussi de longs récits sans refrains, véritables complaintes narratives, que le Censeur Bouchaud baptisait du nom de Romances, et que nous appellerions volontiers Chansons de filerie ou de veillées. Toutes en général se rattachent à des légendes religieuses, historiques ou féodales, qui ont persisté sous mille formes dans les livres dits de Bibliothèque bleue. L'une des plus connues a pour héroïne Marianson, châtelaine malheureuse dont le souvenir s'attache encore à la Tour Couronnée d'Alençon. Malgré les recherches des érudits normands, Marianson n'a point encore, jusqu'ici, pris place parmi les personnages historiques. Elle figure, en attendant, avec Jeanne Molley, les demoiselles d'Etretat, et la Belle de la Croix pleureuse, au milieu de ces ombres plaintives que l'imagination des poètes ne manque guère d'évoquer au milieu des châteaux en ruines. Cette complainte célèbre a été l'objet de beaucoup d'imitations modernes. L'une des plus remarquables par ses fadeurs élégiaques et sa gravité lourde et prétentieuse, est intitulée : *Adélaïde et Ferdinand, ou les Trois Anneaux*. Fort heureusement le texte primitif inséré en 1763, dans l'*Essai sur la Poésie Rhytmique*, ressemble assez peu à cette grotesque parodie, imprimée vers 1806, à Epinal et à Beauvais. Malgré les doutes de Bouchaud, nous serions porté à le regarder comme fort ancien. Les mœurs brutales du mari, l'argentier, les trois anneaux, l'ami traître et félon, personnage

[1] Gerard de Nerval. La *Bohême galante*, p. 69 et suivantes.

obligé des anciens romans de chevalerie , tout se réunit
pour attester l'antiquité de ce drame domestique , dont
la rédaction seule a pu subir de légères altérations :

Marianson , dame jolie ,
Où est allé votre mari ?

—

Monsieur, il est allé en guerre,
Je ne sais quand il reviendra.

—

Marianson, dame jolie ,
Prêtez-moi vos anneaux dorés.

—

Marianson , mal avisée,
Ses trois anneaux lui a prêtés.

—

Quand il a tint les trois anneaux ,
Chez l'argentier s'en est allé ;

—

Bel argentier , bel argentier ,
Faites-moi trois anneaux dorés.

—

Qu'ils soient beaux , qu'ils soient gros ,
Comme ceux de Marianson.

—

Quand il a tint les trois anneaux,
Sur son cheval il a monté.

—

Le premier qu'il a rencontré,
Fut le mari de Marianson.

—

Dieu te garde , franc chevalier ,
Quell' nouvell' m'as-tu apporté?

—

Marianson , dame jolie ,
De moi elle a fait son ami.

Tu as menti, franc chevalier,
Ma femme n'est pas débordé.

—

Oh ! bien croyez ou non croyez,
En voici les anneaux dorés.

—

Quand il a vu les trois anneaux,
Contre la terre il s'est jeté.

—

Il fut et trois jours et trois nuits,
Ni sans boire, ni sans dormir.

—

Au bout de trois jours et trois nuits,
Sur son cheval il a monté.

—

La mère étant sur le balcon,
Avisit son gendre venir.

—

Vraiment, fille, ne scavez pas,
Voici votre mari qui vient.

—

Il n'y vient point en homme aimé,
Mais il y vient en courroucé.

—

Montrez-lui votre petit fils.
Cela le pourra réjouir.

—

A pris l'enfant par ses maillots,
Et en a frappé les carreaux.

—

A pris la mère par les cheveux,
L'a attachée à son cheval.

—

N'y avait arbre, ni buisson,
Qui n'eût sang de Marianson.

Quand il l'eut long-temps déchirée,
De fatigue il s'est arrêté.

—

C'est pas pour toi, franche p.....,
C'est pour mon cheval qui a faim.

—

Ah ! venez çà, rusée catin,
Où sont les anneaux de vos mains?

—

Prenez les clés du cabinet,
Mes trois anneaux vous trouverez.

—

Quand il a vu les trois anneaux,
Contre la terre il s'est jeté.

—

N'est-il barbier, ni médecin,
Qui puisse mettre ton corps en sain?

—

Il n'est barbier, ni médecin,
Qui puisse mettre mon corps en sain.

—

Ne faut qu'une aiguille et du fil,
Et un drap pour m'ensevelir [1].

A cette réponse énergique, qui termine la *Romance*, l'auteur de *Ferdinand et d'Adélaïde* a substitué la réflexion suivante, qu'il place dans la bouche d'Adélaïde, et qui donne le ton général de la composition :

« Adieu, dit-elle, je vois l'image
« Du paisible éternel repos [2]. »

Les anneaux, qui jouent un rôle si considérable dans Marianson, se retrouvent encore dans une chanson, non

[1] Bouchaud. *Essai sur la Poésie Rhythmique.* — Paris, in 8°, 1763. — CF. *Normandie Romanesque et Merveilleuse.*

[2] Placard imprimé avec gravure sur bois, chez Diot. — Beauvais, 1704.

moins ancienne, que l'on chante dans la plus grande partie de l'arrondissement de Mortain. Lorsque le chevalier, qui figure dans cette petite pièce, rentre dans son château, au retour de la guerre, et veut se faire reconnaître par sa femme, celle-ci, avant même de le regarder, lui dit :

Donne-moi des indiques de la première nuit.

Et le mari répond :

Te souvient-il qu'à la première fois,
Tes anneaux s'y rompirent en t'y serrant les doigts?

La chanson connue en Bretagne, sous le nom de *Chanson de sainte Marguerite*, est aussi fort répandue en Normandie. Seulement elle y a changé de nom, et elle s'appelle la *Biche blanche*. M. le docteur Vaugeois a recueilli, il y a déjà bien des années, un texte de cette chanson dans le canton de Tourouvre. C'est incontestablement le plus complet que nous connaissions. Il est beaucoup plus satisfaisant que les versions informes qui se chantent aujourd'hui aux environs de Granville, et même que le texte breton communiqué au Comité par M. le docteur Roulin. Ces transformations de jeunes filles en biches se rapportent-elles aux idées de la religion celtique, comme beaucoup de critiques l'ont pensé, je ne saurais le dire ; il nous suffit de constater que cette tradition appartient à la Normandie aussi bien qu'à la Bretagne, et qu'il existe, même dans beaucoup de campagnes, sur les biches blanches et les chasseurs rouges, des légendes tout-à-fait analogues. Voici maintenant le texte publié par M. Vaugeois dans ses *Notes sur l'Histoire de Laigle*, en 1841 :

LA BICHE BLANCHE.

Celles qui vont au bois,
C'est la mère et la fille.
La mère y va chantant,
Et la fille soupire.
Qu'avez-vous à pleurer,
Ma fille Marguerite?

—

J'ai un grant ire en moi,
Je n'ose vous le dire.
Je suis fille le jour,
Et la nuit blanche biche.
La chasse est après moi,
Les barons et les princes.

—

Et mon frère Lion,
Qui est encor le pire :
Allez, ma mère, allez,
Bien promptement lui dire,
Qu'il arrête les chiens
Jusqu'à demain ressie.

—

Bonjour, bonjour, mon fils,
Et bonjour donc, ma mère.
Où sont tes chiens, Lion?
Dis-le-moi, je te prie.
Ils sont dans la forêt,
Après la blanche biche.

—

Arrête-les, Lion,
Arrête-les, j' t'en prie.
Trois fois les ai cornés,
Sans que pas un l'ait ouï;
La quatrième fois,
La blanche biche est prise.

Mandons le dépouilleur,
Qu'il dépouille la biche;
Celui qui la dépouille
Dit : je ne sais que dire,
Elle a les cheveux blonds
Et les seins d'une fille.

—

Quand il fut pour souper,
Tout le monde y est-il?
Oh! non, répond Lion,
Faut ma sœur Marguerite.

. . . .
. . . .

—

Vous n'avez qu'à manger,
J' suis la premièr' servie,
Ma tête est dans le plat,
Mon cœur est aux chevilles,
Le reste de mon corps,
Il est dans la cuisine.

—

Lion sortit dehors,
Comme un homme bien triste;
Faut n'avoir qu'une sœur,
Et l'avoir détruite.

. . . .
. . . .

—

J'en suis au désespoir,
J'en ferai pénitence,
Serai pendant sept ans,
Sans mettr' chemise blanche,
Et coucherai sept ans
Sous une épine blanche [1].

Par un singulier mélange des souvenirs païens et des
idées chrétiennes, le dernier couplet de cette chanson,

---

[1] *Histoire de Laigle*, par le docteur Vaugeois.

empreinte de druidisme, nous semble inspiré par le spectacle des pénitences canoniques. Au reste, les hagiographes, dans leur piété mystique, se sont plusieurs fois inspirés de traditions superstitieuses de ce genre, afin d'arrêter la passion violente de la chasse, qui emportait les populations grossières de la Gaule, et de leur inspirer une certaine commisération pour les oiseaux et les animaux sauvages.

La romance de *la Fille du Roi* nous reporte aux souvenirs les plus douloureux de notre histoire. C'est un écho lointain des guerres anglaises, dont on retrouve si souvent la trace dans la littérature normande. Nous ne voudrions pourtant point affirmer que notre chanson s'applique à un évènement réel, mais la conjecture ingénieuse émise à cet égard par Mlle Bosquet, et reproduite plus tard par M. Rathery, mérite certainement être prise en considération. A défaut de certitude absolue, on peut dire qu'elle a au moins le mérite d'une assez grande vraisemblance. D'après ces deux critiques, notre chanson aurait été composée à l'occasion du mariage de Catherine de France avec Henri v d'Angleterre. Au reste, nous croyons ne pouvoir mieux faire que de laisser la parole à M. Rathery :

« L'histoire nous dit que, par le traité de Troyes, la fille du roi de France Charles vi fut mariée à Henri v, qui prit dès-lors le titre d'héritier et de régent du royaume ; qu'après la mort de son premier époux, cette princesse épousa un autre Anglais, Owen Glendowr, qui devint la tige des Tudors. Mais qu'importe à la légende ? Elle ne veut pas supposer qu'une fille de France ait pu consentir à partager la couche d'un Anglais et à devenir le gage d'un ,pacte honteux. Elle est plus patriotique que l'histoire, ou plutôt elle est l'interprète du sentiment populaire qui protestait dès-lors contre la lâcheté de la diplomatie, et qui allait susciter Jeanne-d'Arc [1]. »

LA FILLE DU ROI.

Le Roi a une fille à marier,
A un Engloys la veut donner ;
Elle ne veut, mais :
Jamais mari n'épouserai s'il n'est François.

—

La belle ne voulant céder,
Sa sœur s'en vint la conjurer ;
— Acceptez, ma sœur, acceptez à cette fois,
C'est pour paix à la France donner avec l'Engloys.

—

Et quand ce vint pour s'embarquer,
Les yeux on lui voulut bander.
— Eh ! ôte-toi, retire-toi, franc traître Engloys,
Car je veux voir jusqu'à la fin le sol françois.

—

Et quand ce vint pour arriver,
Le châtel étoit pavoisé.
— Eh ! ôte-toi, retire-toi, franc traître Engloys,
Ce n'est pas là le drapeau blanc du Roi françois.

—

Et quand ce vint pour le souper,
Pas ne voulut boire ou manger.
— Eh ! ôte-toi, retire-toi, franc traître Engloys,
Ce n'est pas là le pain, le vin du Roi françois.

[1] *Poésies populaires de France.* (Extrait du *Moniteur universel*), par M. Rathery. CF. *Normandie Romanesque et Merveilleuse*, par Mlle Bosquet.—(Renseignemens communiqués par M. André Pottier.)

Et quand ce vint pour le coucher,
L'Engloys la voulut deschausser.
— Eh ! ôte-toi, retire-toi, franc traître Engloys,
Jamais homme n'y touchera s'il n'est François.

—

Et quand ce vint sur le minuit,
Elle fit entendre un grand cri,
En s'écriant avec douleur : O Roi des Rois!
Ne me laissez entre les bras de cet Engloys.

—

Quatre heures sonnant à la tour,
La belle finissait ses jours.
La belle finissait ses jours d'un cœur joyeux,
Et les Engloys y pleuroient tous d'un cœur piteux.

Ce chant remarquable, recueilli aux environs de
Dieppe par M. Thinon, a été publié pour la première
fois par Mlle Amélie Bosquet dans *la Normandie Pittoresque et Merveilleuse*. Il a peut-être été rajeuni ;
mais la date éloignée à laquelle il a été signalé, rend
son authenticité incontestable. Au surplus, il a plus d'un
rapport avec la chanson bretonne de *la Belle Olle* ou
de *la Cane de Montfort*, et avec la chanson normande du *Pont de Nantes*[1]. Cependant, bien qu'il soit
question d'Anglais dans ces deux compositions, leur signification purement morale, ne rappelle en rien la por-
tée politique de la chanson de *la Fille du Roi*. Si
la belle Olle et la jeune nantaise demandent à Dieu
de mourir ou de changer de nature, c'est uniquement
pour conserver leur virginité. Que le *hardi capitaine*
eût été Breton ou Normand, au lieu d'être Anglais,

[1] CF. La Boutiquière de Danmartin. *Bohême galante*, p. 79.

6

la prière des deux héroïnes eût été la même, et le dénouement n'eût point été sensiblement modifié. Il en
est tout autrement dans la dernière chanson que nous
avons transcrite : la fille du roi quitte la vie par un ef-
fort de désespoir suprême, pour rester jusqu'à la mort
fidèle à son pays, et pour conserver jusqu'au bout une
nationalité que tant d'autres abjuraient. Son honneur de
femme est sain et sauf, l'honneur qu'elle prétend sauver,
c'est son honneur de Française, et c'est ce sentiment
sublime et impérissable de la nationalité, exprimé avec
une énergie exclusive, qui forme la valeur principale
de cette cantilène, si parfaitement appréciée par M.
Rathery.

Avec la chanson de la *Fille du Roi* se termine notre
Revue des Chants populaires de Normandie. Sans
doute, il eût été facile d'introduire dans ce travail un
nombre plus considérable de citations. Mais nous avons
moins tenu à être complet qu'à donner une idée exacte
des différens types des chansons que l'on entend encore
dans les villes et dans les campagnes de l'Avranchin;
et à faire connaître les sources variées où ces poètes de
rencontre sont allés chercher leurs inspirations. Souvent, à la vérité, ils n'ont fait que reproduire, avec
moins de bonheur, des chants connus ou chantés dans
des provinces limitrophes; mais ils ont aussi, de temps
en temps, trouvé sur leur chemin des mélodies heureuses et originales; et il est, à notre sens, tel de leurs
branles amoureux, de leurs cantiques, et de leurs chansons cueillissoires, qui mérite de figurer honorablement
dans la Collection générale des Chants populaires de la
France. C'est quelque chose, pour un peuple affairé,

réfléchi, plus propre à agir qu'à chanter, et qui jamais n'a donné que de rares instans aux distractions joyeuses, aux galanteries sentimentales, ou aux rêveries mélancoliques.

FIN.

TABLE DES CHANSONS

CITÉES EN ENTIER OU PAR EXTRAIT

D'APRÈS L'ORDRE DES MATIÈRES.

CHANSONS RELIGIEUSES.

CHANSONS PROFANES.

§ IV. Complaintes narratives sans refrains.

FIN.

Avranches. — Typographie E. Tostain, Libraire, rue des Fontaines Couvertes, 6.

www.ingramcontent.com/pod-product-compliance
Lightning Source LLC
LaVergne TN
LVHW050632090426
835512LV00007B/796